やりきれるから自信がつく！

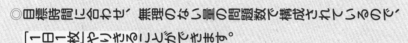

1日1枚の勉強で，学習習慣が定着！

◎目標時間に合わせ，無理のない量の問題数で構成されているので，「1日1枚」やりきることができます。

◎解説が丁寧なので，まだ学校で習っていない内容でも勉強を進めることができます。

すべての学習の土台となる「基礎力」が身につく！

◎スモールステップで構成され，1冊の中でも繰り返し練習していくので，確実に「基礎力」を身につけることができます。「基礎」が身につくことで，発展的な内容に進むことができるのです。

◎教科書の学習ポイントをおさえられ，言葉の力や表現力も身につけられます。

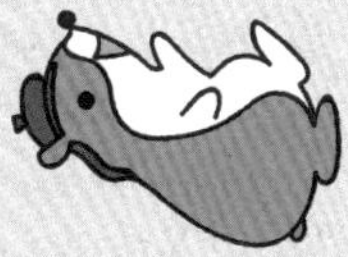

勉強管理アプリの活用で，楽しく勉強できる！

◎設定した勉強時間にアラームが鳴るので，学習習慣がしっかりと身につきます。

◎時間や点数などを登録していくと，成績がグラフ化されたり，賞状をもらえたりするので，達成感を得られます。

◎勉強をがんばると，キャラクターとコミュニケーションを取ることができるので，日々のモチベーションが上がります。

学研 毎日のドリルの使い方

1 1日1枚、集中して解きましょう。

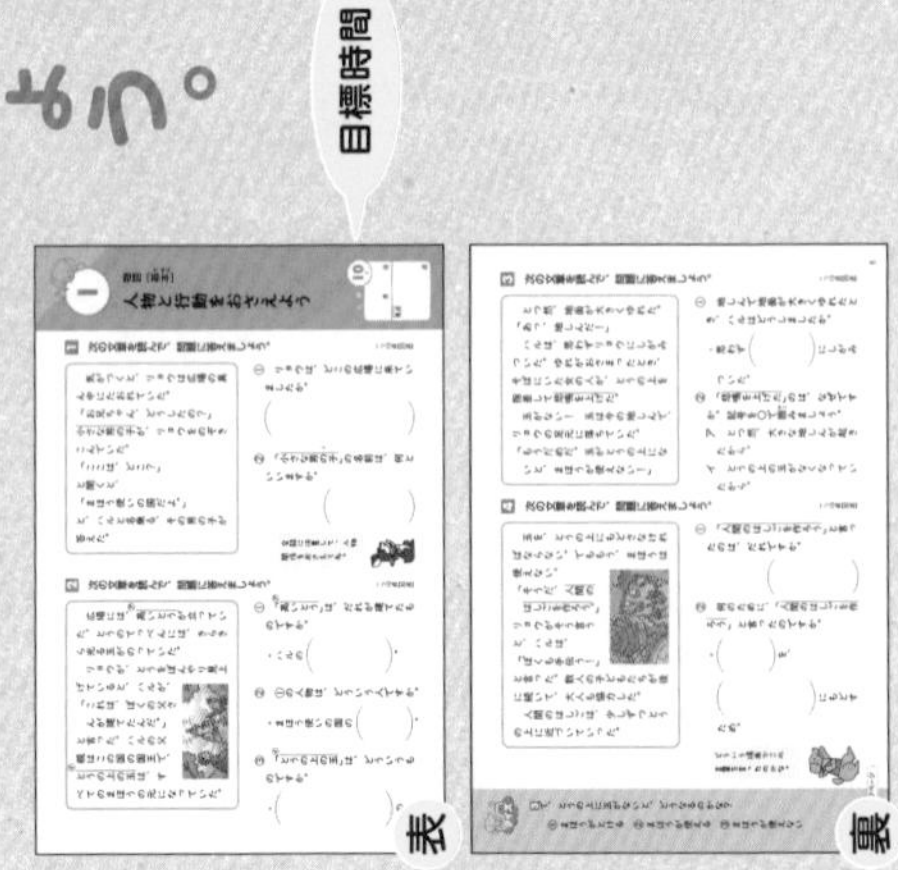

◎1回分は、1枚（表と裏）です。

1枚ずつはがして使うこともできます。

◎目標時間を意識して解きましょう。

アプリのストップウォッチなどで、かかった時間を計るとよいでしょう。

・「かくにんテスト」　ここまでの内容が身についたかを確認しましょう。

・「まとめテスト」　最後に、この本の内容を総復習しましょう。

書く力　文を書くときに役立つ表現力がつく問題です。

2 答え合わせをしましょう。

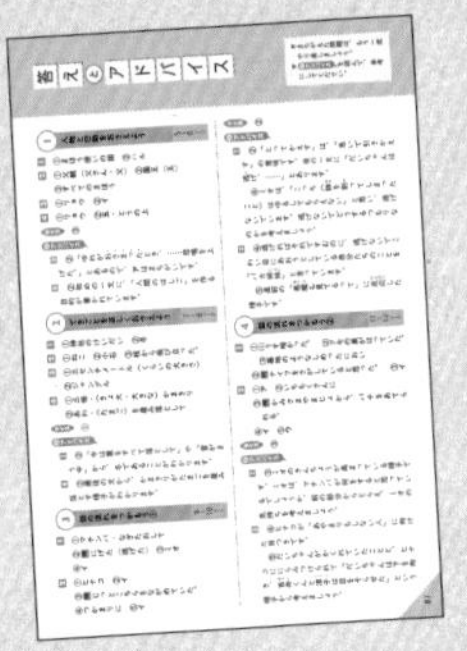

・本の最後に、「答えとアドバイス」があります。
・答え合わせをして、点数をつけましょう。
・アドバイスには考え方や解き方がのっています。よく読んで、学習に役立てましょう。

3 アプリに得点を登録しましょう。

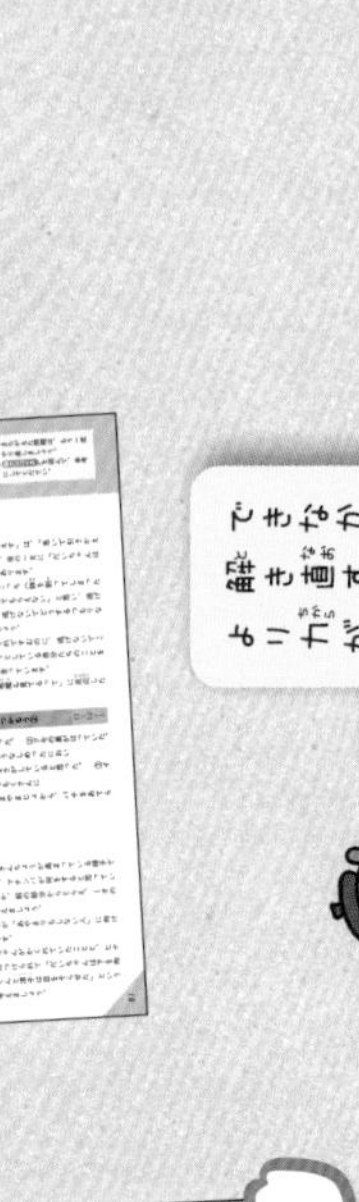

・アプリに得点を登録すると、成績がグラフ化されます。
・勉強すると、キャラクターが育ちます。

無料ダウンロード

毎日のドリル

勉強管理アプリ

アプリといっしょだと、ドリルが楽しく進む!?

毎日のドリル 勉強管理アプリ

「毎日のドリル」シリーズ専用，スマートフォン・タブレットで使える無料アプリです。
1つのアプリでシリーズすべてを管理でき，学習習慣が楽しく身につきます。

1 「毎日のドリル」の学習を徹底サポート！

毎日の勉強タイムをお知らせする「タイマー」

かかった時間を計る「ストップウォッチ」

勉強した日を記録する「カレンダー」

入力した得点を「グラフ化」

2 キャラクターと楽しく学べる！

好きなキャラクターを選ぶことができます。勉強をがんばるとキャラクターが育ち，「ひみつ」や「ワザ」が増えます。

3 1冊終わると，ごほうびがもらえる！

ドリルが1冊終わるごとに，賞状やメダル，称号がもらえます。

4 漢字と英単語のゲームにチャレンジ！

ゲームで，どこでも手軽に，楽しく勉強できます。漢字は学年別，英単語はレベル別に構成されており，ドリルで勉強した内容の確認にもなります。

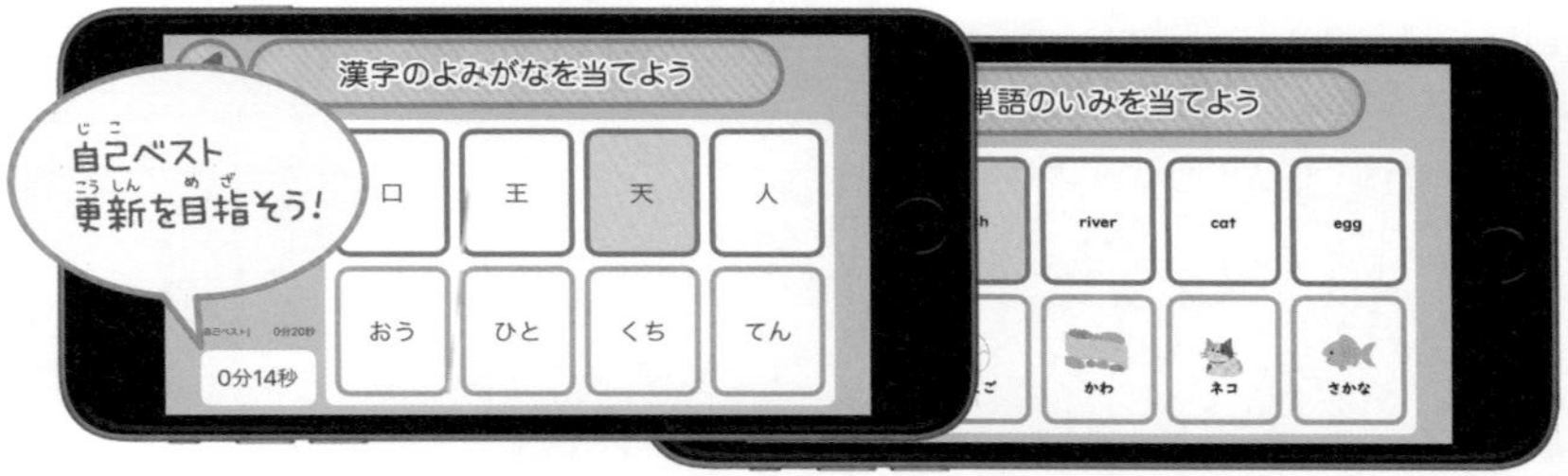

アプリの無料ダウンロードはこちらから！

https://gakken-ep.jp/extra/maidori/

【推奨環境】
■ 各種Android端末：対応OS Android6.0以上　※対応OSであっても，Intel CPU（x86 Atom）搭載の端末では正しく動作しない場合があります。
■ 各種iOS（iPadOS）端末：対応OS iOS10以上　※対応OS や対応機種については，各ストアでご確認ください。
※お客様のネット環境および携帯端末によりアプリをご利用できない場合，当社は責任を負いかねます。
また，事前の予告なく，サービスの提供を中止する場合があります。ご理解，ご了承いただきますよう，お願いいたします。

1 物語［基本］
人物と行動をおさえよう

目標 10分

月　日

得点　　点

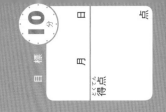

1 次の文章を読んで、問題に答えましょう。

一つ10点【20点】

　気がつくと、リョウは広場の真ん中にたおれていた。

「お兄ちゃん、どうしたの？」

小さな男の子が、リョウをのぞきこんでいた。

「ここは、どこ？」

と聞くと、

「まほう使いの国だよ。」

と、ハルと名乗る、その男の子が答えた。

① リョウは、どこの広場に来ていましたか。

（　　　　）

② 「小さな男の子」の名前は、何といいますか。

（　　　　）

会話に注意して、人物関係をおさえてね。

2 次の文章を読んで、問題に答えましょう。

一つ10点【30点】

　広場には、㋐高いとうが立っていた。とうのてっぺんには、きらきら光る玉がのっていた。

　リョウが、とうをぼんやり見上げていると、ハルが、

「これは、ぼくの父さんが建てたんだ。」

と言った。ハルの父親はこの国の国王で、㋑とうの上の玉は、すべてのまほうの元になっていた。

① ㋐「高いとう」は、だれが建てたものですか。

・ハルの（　　　　）。

② ①の人物は、どういう人ですか。

・まほう使いの国の（　　　　）。

③ ㋑「とうの上の玉」は、どういうものですか。

・（　　　　）の元。

3 次の文章を読んで、問題に答えましょう。

一つ10点【20点】

とつ然、地面が大きくゆれた。

「あっ、地しんだ！」

ハルは、思わずリョウにしがみついた。ゆれがおさまったとき、そばにいた女の人が、とうの上を指差して悲鳴を上げた。

玉がない！　玉は今の地しんで、リョウの足元に落ちていた。

「もうだめだ。玉がとうの上にないと、まほうが使えない！」

① 地しんで地面が大きくゆれたとき、ハルはどうしましたか。

・思わず（　　　　）にしがみついた。

② 「悲鳴を上げた」のは、なぜですか。記号を○で囲（かこ）みましょう。

ア　とつ然、大きな地しんが起きたから。
イ　とうの上の玉がなくなっていたから。

4 次の文章を読んで、問題に答えましょう。

一つ10点【30点】

玉を、とうの上にもどさなければならない。でももう、まほうは使えない。

「そうだ、人間のはしごを作ろう。」

リョウがそう言うと、ハルは、

「ぼくも手伝う！」

と言った。数人の子どもたちが後に続いて、大人も協力した。

人間のはしごは、少しずつとうの上に近づいていった。

① 「人間のはしごを作ろう」と言ったのは、だれですか。

（　　　　）

② 何のために、「人間のはしごを作ろう」と言ったのですか。

・（　　　　）を、（　　　　）にもどすため。

どういう場面でこの言葉を言ったのかな。

答え ▶ 87ページ

クイズ

3 で、とうの上に玉がないと、どうなるのかな？

① まほうがとける　② まほうが使える　③ まほうが使えない

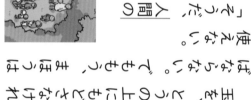

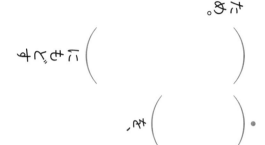

2 物語［基本(きほん)］

できごとを正しくおさえよう

目標 10分　月　日　得点(とくてん)　点

1 次の文章を読んで、問題に答えましょう。

ここは、さやかの町でいちばん古い神社のけいだい。

真ん中には、りっぱな桜(さくら)の木がある。春にはみごとな花をさかせるが、今は葉をすべて落として、雪がまう中、何だかとても寒そうだ。

一つ10点【20点】

① えがかれている場所は、どこですか。七字で書きましょう。

② 季節は、いつですか。漢字一字で書きましょう。

桜の木の様子と天気に注目だよ。

2 次の文章を読んで、問題に答えましょう。

桜の枝(えだ)のかげに、すっと動くものが見えた。ねこだ。何かをねらっているようだ。よく見ると、すぐ上の枝に小鳥がいた。

「あぶない！　にげて！」

さやかは大声を出したが、小鳥はにげない。さやかはとっさに、近くにあった小石を拾って投げた。石は何にも当たらなかったが、おどろいた小鳥は枝から飛び立った。

「よかった。」

一つ10点【30点】

① 「すっと動くもの」とは、何でしたか。

（　　　　）

② 大声を出してもにげない小鳥を見て、さやかはどうしましたか。

・近くにあった（　　　　）を拾って投げた。

③ ②のことにおどろいた小鳥は、どうしましたか。

（　　　　）

3 次の文章を読んで、問題に答えましょう。

一つ10点【20点】

けんたの体は、三センチメートルくらいの大きさにちぢんだ。

周囲（しゅうい）の草むらは、けんたには、まるでうっそうとしたジャングルのようだった。

「おーい、だれかいますか。」

けんたは大声でさけんでみたが、何の返事もない。

① けんたの体は、どれくらいの大きさにちぢみましたか。

（　　　　）

② 周囲の草むらは、けんたには、どのように見えましたか。

・まるでうっそうとした（　　　　）のよう。

4 次の文章を読んで、問題に答えましょう。

【30点】

そのとき、ガサガサッと音がして、大きなかげが
けんたをおおった。
「わっ、きょ大かまきりだ！」
そこには、けんたの三倍もある大きなかまきりが、かまをふり上げていた。

かまきりは、何だか苦しそうに、すすきの葉を登っていった。
「そうか、たまごを産むんだ。」
かまきりは、おしりからあわのようなものを出し、その中にたまごを産み落としていく。

① 「大きなかげ」は、何のかげでしたか。　一つ8点【16点】

・けんたの（　　　　）もある（　　　　）。

② かまきりは、どのようにたまごを産みましたか。　一つ7点【14点】

・おしりから（　　　　）のようなものを出し、その中に（　　　　）いった。

クイズ

1 で、さやかの町の古いけいだいには、何があるかな？

① りっぱな桜（さくら）の木　② 古い桜の木　③ 広い草むら

答え ▶ 87ページ

3 物語［標準］
話の流れをつかもう①

目標 10分　月　日　得点　点

1 次の文章を読んで、問題に答えましょう。　一つ10点【50点】

［「マチンバ（おばあさんのよび名）」の家で「ピンポン逃げ」をしたミオたちは、逃げるときに失敗した。］

バランスをくずしただいちゃんは、マチンバの玄関先にすべりこんだ。そして、ならんでいた花の鉢をなぎたおしてころんだ。

鉢はひっくりかえって割れ、いくつかのシクラメンはローラーの下じきになってつぶれた。

「やべぇ」

つぶやいて立ち上がるとどうじに、だいちゃんはすばやく㋐とってかえした。

ミオにぶつかりながらだいちゃんは逃げ、ふりかえってミオにどなった。

「なにやってんだよ。はやく、にげろ」

でも、ミオは逃げられなかった。

㋑ダメだよ。

ピンポン逃げはゆるしてくれても、こっちはゆるしてもらえない。

（安東みきえ「マチンバ」『天のシーソー』〈理論社〉より）

① だいちゃんは、どのようにころびましたか。

・（　　　）の玄関先の花の鉢を（　　　）ころんだ。

② 「㋐とってかえした」とは、どういうことを表していますか。

・だいちゃんが［　　　］こと。

③ 「㋑ダメだよ。」は、だれの言葉ですか。

・（　　　）の心の中の言葉。

④ ミオが逃げなかったのは、なぜですか。記号を◯で囲みましょう。

ア　マチンバにピンポン逃げをゆるしてもらおうと思ったから。

イ　マチンバに鉢を割ったことをあやまりたかったから。

「こっちはゆるしてもらえない」と思ったミオは、どうするつもりかな。

2 次の文章を読んで、問題に答えましょう。

一つ10点【50点】

［花の鉢(はち)を、割(わ)ってしまった子どもたち。ミオだけが逃げないでいた。］

うしろからローラーの音が近づいた。だれかがミオの背中(せなか)にぶつかってとまり、そして㋐グスンと鼻をすすりあげた。ふりかえらなくても妹だとわかった。

角にかくれているはずの子どもたちがじっとこちらをながめているのを、ミオは背中に感じた。どうしてにげないんだと自分を見つめ、どうしてわざわざつかまりにいくんだとヒナコを見つめていた。

ほんとにあたしたちって㋑バカ姉妹(しまい)だよ。

うしろからふるえる声がささやいた。

「ねえ、いつだって神さまがちゃんと見てるってママはいってたよね」

うん、とミオはうなずいた。

「だけど、悪魔(あくま)も見てるっていったっけ」

㋒ミオは首すじのうぶ毛がざわりと立ち上がるのを感じた。

（安東みきえ「マチンバ」『天のシーソー』〈理論社〉より）

① ミオの背中にぶつかってきたのは、だれでしたか。

・妹の（　　　　）。

② 「㋐グスンと鼻をすすりあげた」は、どんな様子ですか。記号を○で囲(かこ)みましょう。

ア おこっている様子。

イ 泣いている様子。

③ 書く力 角にかくれている子どもたちは、どうしていましたか。

（　　　　）

④ 「㋑バカ姉妹だよ」と言うのは、なぜですか。

・姉は逃げないし、妹はわざわざ（　　　　）いくから。

⑤ 「㋒首すじのうぶ毛がざわりと立ち上がる」から、ミオはどんな気持ちだとわかりますか。記号を○で囲みましょう。

ア 期待する気持ち。

イ こわがる気持ち。

ウ さびしい気持ち。

クイズ

1で、逃げながら、ミオに向かってどなったのは、だれかな？

① ヒナコ　② だいちゃん　③ マチンバ

答え ▶ 87ページ

4 物語［標準］

話の流れをつかもう②

目標 10分　月　日　得点　点

1 次の文章を読んで、問題に答えましょう。

一つ10点【50点】

［マチンバが家から出てきて、またひっこんだ。］

しばらくつっ立っていたミオは、おそるおそるドアのあいだから部屋の奥をうかがった。窓のよろい戸はしまったままで、昼というのに家の中はうす暗かった。高い天井のすみにはクモの巣がはり、墓地のようなしめったにおいが鼻をついた。

ひきずるような不気味な足音と、とびらをあけしめする音がろうかの奥からひびいてくる。なにかをさがしているにちがいなかった。

ミオは直感した。さがしものはナイフにまちがいない。

わたしたちの生き血をよこせというつもりなのだ。植木鉢にそそがなければシクラメンは復活しないというにきまっている。

ミオの心臓は内側からドンドンと胸をたたいた。そのうち、からだの中から逃げだそうと体当たりをはじめた。

（安東みきえ「マチンバ」『天のシーソー』〈理論社〉より）

① マチンバの家の中は、どんな様子でしたか。次のことについて書きましょう。

(1) 明るさ

（　　　　）

(2) 天井のすみ

（　　　　）

(3) におい

（　　　　）がした。

書く力 ② ミオは、マチンバが家の中で何をしていると思いましたか。

（　　　　）

③ 「ミオの心臓は内側からドンドンと胸をたたいた。」は、ミオのどんな様子を表していますか。記号を○で囲みましょう。

ア 勇気を出そうとしている様子。

イ 身に危険を感じている様子。

ウ 期待がふくらんでいる様子。

2 次の文章を読んで、問題に答えましょう。

ミオはヒナコの頭に手をやって ぐいっとおし下げた。そして自分も頭を下げ、家の中にむかって「ごめんなさい」と声をはりあげた。

ヒナコもミオにならい、半泣きで大声をあげた「ごめんください」。

あとはマチンバがナイフをといでいるあいだに、血をためる大なべをさがしているあいだに、いちもくさんに逃げるのだ。

ミオはヒナコをひっぱって、家の外へとび出した。

ひきずられながら

ヒナコが、いった。

「ねぇミオ、かみさまだってまじょだって、おんなじだよね。

あんまりわるいことして㋐あやまりもしない人には、バチをあてるんだよね。」

かくれていただいちゃんをヒナコはせいいっぱいの㋑とがった目でにらみつけた。だいちゃんは下を向き、吉井くんと涼子は目をそらせた。

（安東みきえ「マチンバ」『天のシーソー』〈理論社〉より）

一つ10点【50点】

① ミオとヒナコが頭を下げたのは、何のためですか。記号を◯で囲みましょう。

ア マチンバにあやまるため。

イ マチンバの様子を見るため。

② 急いで逃げようとする様子を表した言葉を、七字で書きましょう。

書く力

③ ㋐「あやまりもしない人」はどうなるのですか。

［　　　　　　　　　　］

④ ㋑「とがった目」が表すのは、どんな気持ちですか。記号を◯で囲みましょう。

ア あわれみ　　イ 軽べつ

⑤ だいちゃんたちの様子から、どんな気持ちがわかりますか。記号を◯で囲みましょう。

ア よかったと安心する気持ち。

イ こわくて逃げ出したい気持ち。

ウ 後ろめたくて反省する気持ち。

ヒナコに、にらまれたときの様子から考えよう。

クイズ

2で、ミオが「ごめんなさい」と言ったとき、ヒナコは何と言ったのかな？

① こんにちは　② ごめんなさい　③ ごめんください

答え ▶ 87ページ

5 物語［基本］ 情景を表す表現に注目しよう

目標 10分　　月　日　得点　　点

1 次の文章を読んで、問題に答えましょう。【20点】

空はぬけるように青い。ずいぶん高い所にある雲は真っ白で、まるでおそなえのもちみたいだ。

こうじは、となりで自分と同じように、頭の下に組んだ手を置いて、あお向けにねころんでいるたくみを気にしながらも、ぼんやり雲を見ていた。

① 空の高い所にある雲は、何のように見えましたか。（10点）

・（　　　　）みたい。

② こうじとたくみは、どんな格好をしていますか。一つ5点（10点）

・頭の下に（　　　　）を置いて、
（　　　　）ねころんでいる。

2 次の文章を読んで、問題に答えましょう。一つ15点【30点】

こうやって二人で草の上に横になっていると、つい一週間前にたくみのお父さんがなくなったことや、明日にはたくみが町のおばさんの家へ引っこしてしまうことが、現実ではないような気がしてくる。

何しろ、草の上をわたってくる風はやさしく、秋もだいぶ深まったというのに、日差しはとてもやわらかくて、シャツ一枚でちょうどいい。

① 「草の上をわたってくる風」は、どんなだと表現していますか。

（　　　　）

② 場面のどんな様子が想像できますか。記号を○で囲みましょう。

ア　秋なので、少しはだ寒い。
イ　秋なのに、あたたかい。

風と日差しはどんな感じかな。

3 次の文章を読んで、問題に答えましょう。

「ちょっと寒くなってきたな。」

背中が少し冷えてきたのを感じて起き上がると、こうじの目に、紅葉したもみじやこならの赤い色がとびこんできた。

いつの間にか日はだいぶかたむいていて、二人に日暮れが近づいていることを気づかせてくれた。

「そろそろ帰ろうか。」

たくみの声が、下から聞こえた。

一つ10点【20点】

① 秋が深まっていることは、どんな表現からわかりますか。

・（　　　　）もみじや
こならの赤い色。

② 二人は、どんなことから、日暮れが近づいていることに気がつきましたか。

・日が（　　　　）いたこと。

4 次の文章を読んで、問題に答えましょう。

「あしたは見送りに行くよ。」

しゃ面をかけ下りながら、こうじが言った。

「うん。でも朝早いからいいよ。」

「平気さ。絶対に行くからね。」

しずみかけた夕日が、紅葉した木々の葉を、いっそう赤くそめていた。東の空は色をこくし、西の空は真っ赤になった。

「きょうは、一日ありがとう。」

たくみがえがおで言った。

一つ10点【30点】

① ——線の言葉を言ったときの、こうじの様子を表す言葉を書きましょう。

（　　　　）

② 上の場面は、一日のうちのいつですか。記号を○で囲みましょう。

ア 朝　イ 昼
ウ 夕方　エ 夜

③ 「紅葉した木々の葉」と、「西の空」は、どんな色をしていますか。一字で書きましょう。

□

クイズ
こうじとたくみは、どんな関係なのかな？
① 親友　② いとこ　③ 兄弟

答え ▶ 88ページ

6 場面や人物の様子を読み取ろう①

目標 10分　月　日　得点　点

1 次の文章を読んで、問題に答えましょう。

一つ10点【50点】

㋐二人の若いしん士が、すっかりイギリスの兵隊のかたちをして、ぴかぴかする鉄ぽうをかついで、白くまのような犬を二ひきつれて、だいぶ山おくの、木の葉のかさかさしたとこを、こんなことをいいながら、あるいておりました。

「ぜんたい、㋑ここらの山はけしからんね。鳥もけものも一ぴきもいやがらん。なんでもかまわないから、早くタンタアーンと、やってみたいもんだなあ。」

「しかの黄いろな横っ腹なんぞに、二、三発お見まいもうしたら、ずいぶん痛快だろうねえ。くるくるまわって、それからどたっとたおれるだろうねえ。」

それはだいぶの山おくでした。案内してきた専門の鉄ぽう打ちも、ちょっとまごついて、どこかへ行ってしまったくらいの山おくでした。

（宮沢賢治「注文の多い料理店 宮沢賢治童話全集 新装版 4」〈岩崎書店〉より）

① ㋐「二人の若いしん士」は、⑴どんな格好をして、⑵何をかついでいましたか。

⑴（　　　　）のかたち。

⑵（　　　　）

② 二人は、どこを歩いていましたか。六字で書きましょう。

□□□□□□

③ ㋑「ここらの山はけしからん」とありますが、何が「けしからん」のですか。記号を○で囲みましょう。

ア 鳥やけものが全然いないこと。

イ 黄いろいしかがいないこと。

ウ 木の葉がかさかさしていること。

④ 二人は、初め、だれといっしょでしたか。それがわかる文の初めの六字を書きましょう。

□□□□□□

2 次の文章を読んで、問題に答えましょう。

一つ10点【50点】

〔西洋料理店の戸の言葉を読むと……。〕

「ことにふとったお方や若いお方は、㋐大かんげいいたします。」

二人は大かんげいというので、もう大よろこびです。

「君、ぼくらは大かんげいにあたっているのだ。」

「ぼくらは㋑両方かねてるから。」

㋒ずんずんろう下を進んで行きますと、こんどは水いろのペンキぬりの戸がありました。

「どうもへんな家だ。どうしてこんなにたくさん戸があるのだろう。」

「これはロシア式だ。寒いとこや山のなかはみんなこうさ。」

そして二人はその戸をあけようとしますと、上に黄いろな字でこう書いてありました。

「当けんは㋓注文の多い料理店ですからどうかそこはごしょうちください。」

「なかなかはやってるんだ。こんなな山のなかで。」

（宮沢賢治「注文の多い料理店」宮沢賢治童話全集 新装版 4〈岩崎書店〉より）

① 二人は「㋐大かんげい」というのを見て、どんな様子でしたか。五字で書きましょう。

② 「㋑両方」とは、どんなことですか。二つ書きましょう。

（　　　　）

（　　　　）

③ 「㋒ずんずん」は、どんな様子を表しますか。記号を○で囲みましょう。

ア　ゆっくり歩く様子。

イ　勢いよく歩く様子。

ウ　大きな音をたてる様子。

④ 二人は、「㋓注文の多い料理店」というのを、どういう意味にとりましたか。それがわかる一文を書き出しましょう。

（　　　　）

クイズ

2で、「料理店」は、どんな家だったかな？

① イギリス式のりっぱな家　② ろう下の短い家　③ 戸がたくさんある家

答え ▶ 88ページ

7 物語［標準］場面や人物の様子を読み取ろう②

目標 10分　月　日　得点（とくてん）　点

1 次の文章を読んで、問題に答えましょう。【50点】

〔戸はいくつもあり、次の戸には、体に塩をもみこむように書かれていた。〕

なるほどりっぱな青い瀬戸（＊せと）の塩つぼはおいてありましたが、こんどというこんどは二人ともぎょっとしておたがいにクリームをたくさんぬった顔を見あわせました。

「どうもおかしいぜ。」

「ぼくもおかしいとおもう。」

「たくさんの注文というのは、㋐向こうがこっちへ注文してるんだよ。」

「だからさ、西洋料理店というのは、ぼくの考えるところでは、西洋料理を、きた人に食べさせるのではなくて、きた人を西洋料理にして、食べてやる家（うち）とこういうことなんだ。これは、その、㋑つ、つ、つ、つまり、ぼ、ぼ、ぼくらが……。」

がたがたがたがた、ふるえだしてもうものがいえませんでした。

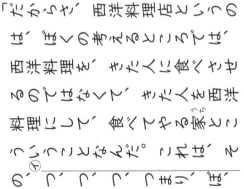

＊瀬戸…「瀬戸物」「瀬戸焼（やき）」という焼き物のこと。

（宮沢賢治（みやざわけんじ）「注文の多い料理店　宮沢賢治童話全集　新装版　4」〈岩崎書店〉より）

① 二人は、顔に何をぬっていましたか。（10点）

（　　　　）

② ㋐「向こう」とは、何を指していますか。五字で書きましょう。（10点）

□□□□□

書く力 ③ ――線㋑の話し方は、どういう様子を表していますか。文章中の言葉を使って書きましょう。（20点）

〔　　　　〕

④ ――線㋑の「ぼくらが」の後には、どんな言葉が続くと思われますか。記号を○で囲（かこ）みましょう。（10点）

ア　料理を作るんだ

イ　料理を食べられないんだ

ウ　食べられてしまうんだ

2 次の文章を読んで、問題に答えましょう。

一つ10点【50点】

そのときうしろからいきなり、

「わん、わん、ぐわあ。」

という声がして、あの白くまのような犬が二ひき、戸をつきやぶってへやのなかに飛びこんできました。かぎあなの目玉はたちまちなくなり、犬どもはううとうなってしばらくへやのなかをくるくるまわっていましたが、また一声、

「わん。」

と高くほえて、いきなり次の戸に飛びつきました。戸はがたりとひらき、犬どもはすいこまれるように飛んで行(ゆ)きました。

その戸の向こうのまっくらやみのなかで、

「にゃあお、くわあ、ごろごろ。」

という声がして、それからがさがさ鳴りました。

へやはけむりのように消え、二人は寒さにぶるぶるふるえて、草のなかに立っていました。

（宮沢賢治「注文の多い料理店 宮沢賢治童話全集 新装版 4」〈岩崎書店〉より）

① へやのなかに飛びこんできたのは、何でしたか。

（　　　　）のような（　　　　）二ひきの（　　　　）。

書く力
② 犬たちは、どのように「戸の向こう」に行ってしまいましたか。

（　　　　　　　　　　）

③ 「戸の向こう」には、何がいたと思われますか。記号を○で囲(かこ)みましょう。

ア 人間
イ 犬
ウ しか
エ 山猫(やまねこ)

戸の向こうから聞こえる声に注意してね。

④ 二人がいたへやは、最後にはどうなりましたか。

（　　　　　　　　　　）

クイズ

1で、つぼには、何が入っていたのかな？

① クリーム　② 塩　③ 油

答え ▶ 88ページ

8 かくにんテスト①

名前

目標 15分

月　日

得点　　点

1 次の文章を読んで、問題に答えましょう。【50点】

　ワン、ワンという大きな声が、しだいに大きくなってきました。おじさんは、こうふんのために㋐すこしほおが赤らんで、さあ、いつでもとびだしてこいというように、引き金に指をあてて、㋑ぐっとくちびるをかみしめました。

「えーい、くそっ。
片耳の大シカだ。」

おじさんがさけびました。

　見ると、さきほど、おじさんが、かならずあそこを通るといった立ちがれのスギの大木より、ずっとはなれた山の尾根を、一頭の大シカが、あとに、十二、三頭のシカのむれをひきつれて走っているのでした。

「片耳の大シカですって……。」

「そうだ。狩人の手から、いくたびも、あぶない命をのがれて、すっかり狩人のやり口をおぼえこんでしまった㋒あの大将。いつも、われわれのうらをかいては、シカのむれをひきつれて、うまくにげてしまうやつだ。」

（椋鳩十「片耳の大シカ」〈偕成社〉より）

① おじさんが、㋐「すこしほおが赤らん」だのは、なぜですか。（8点）

（　　　　）

② おじさんが、㋑「ぐっとくちびるをかみしめ」たのは、なぜですか。記号を〇で囲みましょう。（7点）

ア　集中力を高めるため。
イ　こわさをかくすため。
ウ　指のいたみをこらえるため。

③ かりがうまくいかないと気づいたときの、おじさんの気持ちが表れた一文を書きましょう。（10点）

（　　　　）

④ ㋒「あの大将」は、何を指しますか。（10点）

（　　　　）

⑤ 書く力 おじさんにとって、「片耳の大シカ」とは、どんなシカですか。（15点）

（　　　　）

2 次の文章を読んで、問題に答えましょう。

一つ10点【50点】

〔シカを追っていて、あらしにみまわれた「ぼく」たちは、ほらあなににげこんだが、寒くて体のふるえが止まらない。〕

せっかく、ほらあなにげこんでも、あるいは、ぼくたちは、ここで死ななければならないのかもしれません。

ふるえながら、ほらあなをながめまわしたとき、暗さになれたぼくたちは、㋐ふしぎなものを見て、ぎくっとしました。

一メートルとはなれぬほらあなの中に、三十頭にちかいシカのむれと、十五、六頭のサルとが、㋑シカはたがいにからだをこすりつけて横になり、サルは人間のようにひざを立てて、かたまりあっているのでありました。

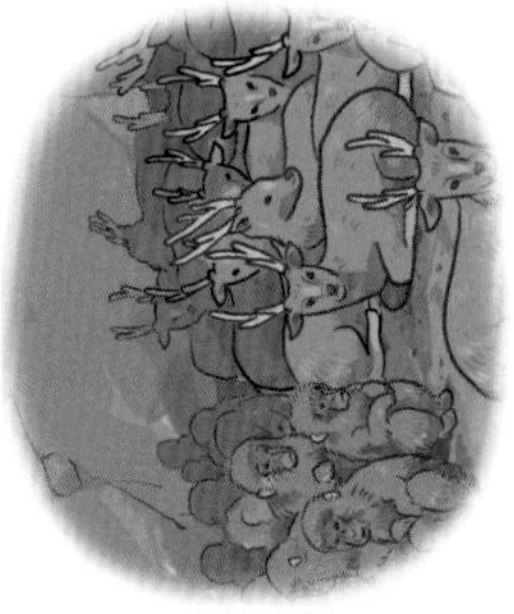

かれらは、ぼくたち三人が、ほらあなの中にころげこんでいっても、べつににげるようすも、さわぐようすもなく、また、べつに、気にとめるふうもなく、ふしぎにしずまりかえっているのでした。

（椋鳩十「片耳の大シカ」〈偕成社〉より）

① ほらあなの中にいても寒さがひどいため、「ぼく」はどんなことを思いましたか。書き出しましょう。

（　　　　　）

② ㋐「ふしぎなもの」を見たおどろきは、どんな様子に表れていますか。

（　　　　　）

③ ㋐「ふしぎなもの」は、どこに見えましたか。

（　　　　　）

④ シカやサルが、――線㋑のようにしていたのは、なぜだと思われますか。記号を○で囲(かこ)みましょう。

ア　人間から自分たちを守るため。

イ　寒さから身を守るため。

ウ　シカやサルの習性(しゅうせい)のため。

⑤ 人間が近づいたときのふつうとはちがう、シカやサルの意外な様子を最もよく表している言葉を、十四字で書き出しましょう。

答え ▶ 88ページ

9 説明文［基本(きほん)］
話題をおさえよう

目標 10分　月　日　得点(とくてん)　点

1 次の文章を読んで、問題に答えましょう。
一つ10点【20点】

海には、㋐不思議な生き物がたくさんいる。

例えば、イソギンチャク。海の底でゆらゆらして、ほとんど動かないが、㋑すごい武器(ぶき)をもっている。それは毒(どく)ばりだ。小魚が少しでもしょく手にふれると、無数の毒ばりで、見事にしとめる。

① ㋐「不思議な生き物」の例として、何を挙げていますか。

（　　　　）

直後に、「例えば」とあるね。

② ㋑「すごい武器」とは、何ですか。

（　　　　）

2 次の文章を読んで、問題に答えましょう。
一つ10点【30点】

タツノオトシゴは、その名前やすがた形もおもしろいが、子どもの産み方も変わっている。

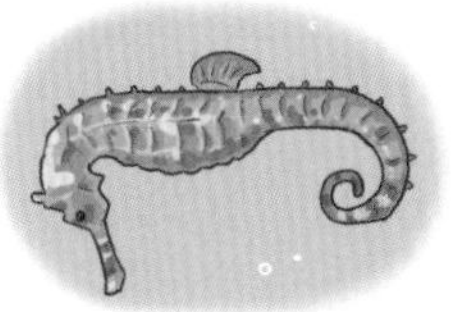

ふつうの動物はメスが子どもを産むが、タツノオトシゴは、オスが子どもを産む。

メスがオスの体内のふくろの中にたまごを産み、オスの体の中から小さなタツノオトシゴたちが生まれてくるというわけだ。

① この文章は、何のどんなことについて書かれていますか。

・（　　　　）の（　　　　）について。

② どんなところが「変わっている」のですか。

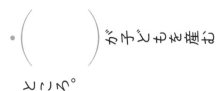

・（　　　　）が子どもを産むところ。

3 次の文章を読んで、問題に答えましょう。

（一つ10点【20点】）

カニのすがたや歩き方もユーモラスでかわいい。

では、カニの得意わざは何だろう。あわふき？　いや、あれは「こきゅう」をしているしょうこなんだ。ぶくぶくあわを出しているときは、「早く水にもどして！」という、SOSの信号を出しているのだ。

① カニのあわふきは、何をしているしょうこですか。

・（　　　　）をしているしょうこ。

② カニのあわふきについての説明で、正しいのはどちらですか。記号を○で囲みましょう。

ア　カニの得意わざの一つ。

イ　「早く水にもどして！」という信号。

4 次の文章を読んで、問題に答えましょう。

【30点】

カニの本当の得意わざは「自切」だ。「自切」というのは、動物が自分の体の一部を、自分で切りすてること。カニも、てきにつかまったときには、自分で自分のあしを切りはなしてにげるんだ。でもだいじょうぶ。あしは、後からまたきちんと生えてくる。

動物は、生きのびるために、さまざまなくふうをしているのだ。

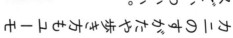

① この文章の話題の中心を、文章中の言葉を使って、五字で書きましょう。（10点）

[　　　　　]

② 「自切」は、どうすることですか。（両方できて10点）

・動物が自分の（　　　　）を、自分で（　　　　）こと。

③ 動物が、②のようなくふうをするのは、何のためですか。（10点）

・（　　　　）ため。

クイズ

小魚をいとめるための武器をもつ生き物は、次のどれかな？

① カニ　② タツノオトシゴ　③ イソギンチャク

答え ▶ 89ページ

10 説明文［基本］
文のつながりをつかもう

目標 10分　月　日　得点　点

1 次の文章を読んで、問題に答えましょう。
一つ10点【20点】

　水の上を、すいすいすべるように動くアメンボ。

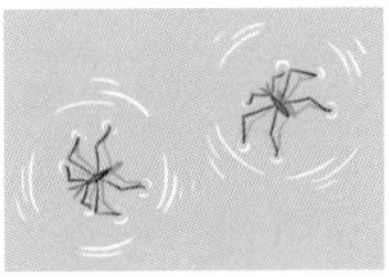

　アメンボが㋐そのように動けるのは、水の上にうかんでいるからだ。

　では、アメンボは、どうして水面にうかんでいられるのだろう。㋑それは、足にひみつがある。

① ㋐「そのように」とは、どのようにということですか。

・すいすい（　　　　　　）。

② ㋑「それ」は、どういうことを指していますか。

・アメンボが、なぜ水面に（　　　　　　）いられるのか。

2 次の文章を読んで、問題に答えましょう。
一つ10点【30点】

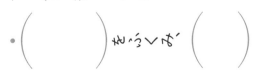

　アメンボの足の先には、細かい毛がたくさん生えていて、毛と毛の間に空気が入りこんでいる。

　㋐その空気と、毛をおおっている油が、水をはじくのだ。水面には㋑ぬれにくいものをおし上げるはたらきがあり、そのために、水をはじくアメンボの足は、しずまないのだ。

　それでも体が重いとしずんでしまうが、アメンボはとても軽い。

① ㋐「その空気」とは、どの空気のことですか。

・□□□□□の空気。

② ㋑「ぬれにくいもの」とは、この場合、何を指しますか。

・（　　　　）をふくみ、（　　　　）でおおわれた毛のある足の先。

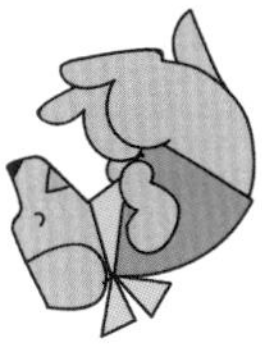

アメンボの足の先は、水をはじくから「ぬれにくい」よね。

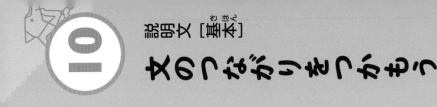

3 次の文章を読んで、問題に答えましょう。 【20点】

夏の夜空を、光を放ちながら飛び回るホタル。

ホタルが光るのには、どんな意味があるのだろう。

ホタルは、オスがメスを、メスがオスをさがすために光る。

［　　］、ホタルの光は、オスとメスとの出会いの信号なのだ。

① ――線の疑問(ぎもん)に対して、どのように答えていますか。 両方できて(10点)

・ホタルの光は、（　　　　　）との（　　　　　）の信号だ。

② ［　　］には、どんな言葉が入りますか。記号を○で囲(かこ)みましょう。 (10点)

ア　そして　　イ　しかし

ウ　つまり

4 次の文章を読んで、問題に答えましょう。 【30点】

飛び回っているのはたいていオスのほうで、光を点めつさせながら、メスに合図を送る。

メスは、オスの㋐その合図にこたえて光を放つ。㋑これに気がついたオスは、メスのところへやってきて、今度はもっと強く明るく光る。メスがこれにこたえて強く光ったら、オスはメスと交尾(こうび)することができる。

光り方は種類によってちがう。強い光と弱い光を波のようにくり返すのが、ゲンジボタルだ。

① ㋐「その合図」とは、どのような合図ですか。 (10点)

・（　　　　　）させる合図。

② ㋑「これ」は、何を指しますか。 両方できて(10点)

・（　　　　　）が、（　　　　　）の合図にこたえて放つ光。

③ ゲンジボタルは、どのような光り方をしますか。 両方できて(10点)

・（　　　　　）と（　　　　　）を波のようにくり返す。

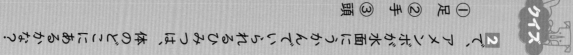

2 で、アメンボが水面にうかんでいられるひみつは、体のどこにあるかな？

① 足　② 手　③ 頭

答え ▶ 89ページ

11 説明文［標準］

内容を正しく読み取ろう①

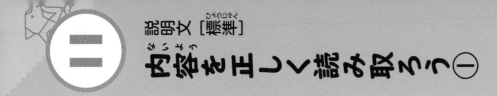

目標 10分　月　日　得点　点

1 次の文章を読んで、問題に答えましょう。【50点】

じつは私たち日本人には、長い歴史をつうじて食べてきた「民族食」というものがあります。これは日本人に限ったことではなく、すべての民族にそれがあって、食文化として伝承されてきました。日本では「和食」に代表されるものですが、その民族食を日本人はあまり食べなくなっているのです。（略）この民族は五〇年間で油の消費量が四倍近くなり、肉の消費量が三倍近くなりました。

つまり、長い歴史をつうじて低タンパク質・低しぼう・低カロリーの食事をとってきた日本人が、ここ五〇年のあいだに高タンパク質・高しぼう・高カロリーという、まったく逆の食事をとるようになったということです。

（小泉武夫「いのちをはぐくむ農と食」〈岩波書店〉より）

① 「民族食」とは、どのようなものですか。（10点）

・民族の（　　　）として伝承されてきたもの。

② 日本人の「民族食」とは、何ですか。十二字で書きましょう。（句読点やふ号も一字と数えます。）（10点）

③ 日本人の「民族食」の特ちょうを三つ書きましょう。一つ5点（15点）

（　　　）・（　　　）・（　　　）

④ 日本人の食事の変化を、筆者はどのように述べていますか。記号を◯で囲みましょう。（15点）

ア　民族食に加えて、外国のものも食べるようになった。

イ　民族食とは逆の性質の食事をとるようになった。

ウ　民族食が広く見直されてきた。

2 次の文章を読んで、問題に答えましょう。【50点】

　日本人の食生活がこの五〇年のあいだに大きく変わった象ちょうとして、肉と油の消費量がものすごく増えたということをお話しました。しかし、ここでさらに重要なことをいっておかなければいけません。㋐それは、肉と油が増えたのと逆に、激減したものがあるということです。それは㋑※ミネラル（無機物）です。ミネラルのせっ取量が五〇年間でなんと三分の一になったということです。このミネラルが三分の一に減少したということが、じつは㋒ひじょうに大きな問題をふくんでいるのです。

　ミネラルは、体の中でさまざまの※生体反応をになっている重要な成分です。ですから、これが不足すると、体や心にいろいろな障害がおこるのです。そのため、現代の大人や子どもたちに、そのえいきょうが出はじめているのです。

※ミネラル…栄養素の一つ。鉄分・カルシウムなど。
※生体反応…生きている細胞で起こる反応。

（小泉武夫「いのちをはぐくむ農と食」〈岩波書店〉より）

① ㋐「それ」は、どういうことを指しますか。（10点）

・（　　　　　　）の増加よりも、さらに重要なこと。

② ㋑「ミネラル」について、答えましょう。（一つ10点〔20点〕）

(1) ミネラルのせっ取量は、五〇年間でどれくらいになりましたか。四字で書きましょう。

□□□□

(2) その働きを書きましょう。

・体の中で（　　　　　　）

書く力 ③ ㋒「ひじょうに大きな問題」とは、どんなことですか。（20点）

（　　　　　　）

ミネラルが不足すると、どうなるのかな。直後の段落に書かれているよ。

クイズ 1で、この五〇年間、日本人の肉の消費量はどうなったのかな？
① 四倍近く増えた　② 三倍近く増えた　③ 三分の一に減った

答え ▶ 89ページ

12 説明文［標準］

内容を正しく読み取ろう②

目標 10分　月　日　得点　点

1 次の文章を読んで、問題に答えましょう。

一つ10点【50点】

〔かつて日本人は「根茎、青菜、青果、豆、魚、海草、米」の七つの食べものを中心に食べていた。〕

日本人は昔、肉はほとんど食べていませんでした。そのかわりに魚をたくさん食べていました。

日本人は昔、海草をたくさん食べていたのです。だしをとるのにコンブを使い、ワカメのすい物、ヒジキの煮物など、いろいろとありました。㋐そんな比でないものが、のりでした。のりまき、のりのおにぎり、のりのつくだ煮と、とにかくのり、のり、のりでした。また、テングサという海草を原料にして寒天をつくり、㋑それを使ってようかんやところてんなどをつくって食べていたのです。

私は日本人の食べていたこの七つの食べものを見て、㋒ミネラルの由来が二つに分類できることに気づきました。つまり、根茎、青菜、青果、豆は土のミネラル、魚と海草は海のミネラルです。

（小泉武夫「いのちをはぐくむ農と食」〈岩波書店〉より）

① 昔の日本人は、肉を食べないかわりに、何を食べていましたか。

（　　　　）

② ㋐「そんな比でないもの」とは、どういう意味ですか。記号を○で囲みましょう。

ア　他の海草よりも、手に入りやすかったもの。

イ　他の海草よりも、かなり価値が高かったもの。

ウ　他の海草よりも、ずっと多く食べていたもの。

「比でない」は、「比べものにならない」の意味だよ。

③ ㋑「それ」は、何を指しますか。

（　　　　）

④ ㋒「ミネラルの由来」は、どう分類できますか。二つ書きましょう。

（　　　　）

（　　　　）

2 次の文章を読んで、問題に答えましょう。【50点】

土のミネラルは、カリウム、鉄、カルシウム、ニッケル、アルミニウム、マンガン、リン、銅などで、このほかにも多くの種類があります。海のミネラルには、マグネシウム、マンガン、ヨウ素、ナトリウム、塩素、あえんなどがあります。

植物はミネラルが主な栄養源で、土からこういうミネラルをすい上げて育ってきたのです。昔はミネラルのかたまりであるたい肥を使った農業だったので、植物はものすごくミネラルが豊富だったのです。植物は口も手もありませんから、土の中に根を張って、根から主食のミネラルをすって生きてきたのです。一方、魚や海草は、海のミネラルを吸収しています。

私たちの祖先は、そんなミネラル豊富な食材を食べて、元気に暮らしていたのです。

（小泉武夫「いのちをはぐくむ農と食」〈岩波書店〉より）

① 「こういうミネラル」が指すものを、次から五つ選んで、記号を◯で囲みましょう。 一つ5点(25点)

ア ヨウ素　イ カリウム
ウ リン　エ 塩素
オ 鉄　カ ナトリウム
キ あえん　ク ニッケル
ケ マグネシウム
コ アルミニウム

書く力
② 昔、植物のミネラルが豊富だったのは、なぜですか。 (10点)

③ 植物は、どうやって栄養をとり、生きてきたのですか。 一つ5点(15点)

・土の中に（　　）を張り、（　　）から主食の（　　）をすって生きてきた。

クイズ
寒天の原料は、次のどれかな？
① コンブ　② ヒジキ　③ テングサ

答え ▶ 89ページ

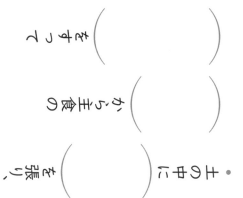

13 説明文［基本］

事例をおさえよう①

目標 10分　　月　日　得点　点

1 次の文章を読んで、問題に答えましょう。【20点】

冬の北海道。オホーツク海に面した北側の海は、流氷によって真っ白におおわれる。

流氷というのは、海の上をただよっている氷のことで、日本では、二月から三月ごろにかけて見られる。

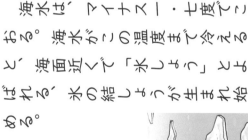

① 流氷とは、何ですか。（両方できて10点）

（　　　　）をただよって いる（　　　　）のこと。

② 日本では、いつごろ流氷が見られますか。（10点）

（　　　　）

2 次の文章を読んで、問題に答えましょう。【30点】

では、流氷は、どのようにしてできていくのだろうか。

海水は、マイナス一・七度でこおる。海水がこの温度まで冷えると、海面近くで「氷しょう」とよばれる、氷の結しょうが生まれ始める。

海のあちこちにできた氷しょうは、しだいにくっつき合って、やがて板のような氷ができ上がっていく。

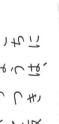

① 海水は、何度でこおりますか。（10点）

（　　　　）

② 海水がこおる温度になると、何が生まれますか。（両方できて10点）

（　　　　）とよばれる

（　　　　）が生まれる。

③ 氷しょうがくっつき合うと、やがて何ができ上がりますか。（10点）

（　　　　）

3 次の文章を読んで、問題に答えましょう。

一つ10点【30点】

流氷には、小さな植物がすみつく。流氷が連れてくるこの植物は、海を豊(ゆた)かにしてくれる。

春になって流氷がとけるころになると、この植物はとつ然増(ふ)え始める。すると、小さなエビの仲間などが、この植物を食べて仲間を増やしていく。そして、それをエサにして、別の魚などが育っていく。

◎ 海は、どのように「豊かに」なっていきますか。順に書きましょう。

・流氷がとけるころ、小さな植物が、とつ然（　　　　）。

・（　　　　）などが、この植物を食べて仲間を増やす。

・それをエサにして、別の（　　　　）が育っていく。

「すると」「そして」という文をつなぐ言葉に注意だよ。

4 次の文章を読んで、問題に答えましょう。

【20点】

流氷がとけ始めるのは、三月ごろだ。

流氷は、とけ始める直前に、いちばん厚(あつ)くなっている。

北海道(ほっかいどう)の近くの流氷の厚さは、四十～五十センチメートルになるし、オホーツク海の北の方では、一メートルくらいの厚さにもなる。

① 流氷は、いつごろとけ始めますか。(10点)

（　　　　）

② 流氷は、次の場所ではどれくらいの厚さになりますか。一つ5点(10点)

(1) 北海道の近く

（　　　　）

(2) オホーツク海の北の方

（　　　　）

クイズ

3で、流氷は、北海道の海を豊かにする、どんな生物を連れてくるのかな？

① 小さな魚　② 小さな動物　③ 小さな植物

答え ▷ 90ページ

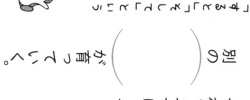

14 説明文［標準］ 事例をおさえよう②

目標 10分　月　日　得点　点

1 次の文章を読んで、問題に答えましょう。【50点】

「さあ、読んだ、読んだ！　かわら版だよ！」

時代劇で、こんなことをいいながら、人混みの中で紙を配る人を見たことはありませんか。

「かわら版」とは、江戸時代に売られていた、字や絵が印刷された紙のことです。かわら版は、ひらがなの多い文章や絵で、だれにでもわかりやすく書かれていました。

地しんや火事などの災害や、外国の船が来たというような大きなニュースを知らせるものから、伝染病の流行やその治し方、また「〇〇に怪物が現れた」などという、うそかほんとうかわからないうわさまで、さまざまなことを書いた、かわら版が数多くつくられました。このかわら版は、書いてある内容に節をつけて読みながら売られたことから、「読み売り」ともよばれました。これが日本での新聞の始まりといわれています。

（「新聞の始まりって、知ってる？」『なぜ？　どうして？　身近なぎもん　5年生』〈学研プラス〉より）

① 「かわら版」とは、何ですか。一つ5点(10点)

・（　　　　）時代の（　　　　）。

② 「かわら版」には、どんな特ちょうがありましたか。記号を◯で囲みましょう。(10点)

ア　絵だけで子どもでもわかる。
イ　だれにでもわかりやすい。
ウ　真実だけが書かれている。

③ 「かわら版」には、どんなことが書かれていましたか。説明してある文の初めの六字を書きましょう。(10点)

④ 「かわら版」は、他に何とよばれていましたか。(10点)

（　　　　）

⑤ この文章の話題は何ですか。(10点)

・日本での（　　　　）。

2 次の文章を読んで、問題に答えましょう。 【50点】

屋根に使うかわらに、文字をほって印刷したことから、「かわら版」とよばれるようになったともいわれています。しかし、かわら版に使われたかわらは、今は残っておらず、木の板に文字や絵をうきぼりにし、これに絵の具をつけて印刷する木版画のようなものが残っています。

今から百四十年前、江戸時代も終わりになると、それまで知られていなかった外国の様子や、国内のニュースをまとめた「新聞」が、かわら版とは別に、発行されるようになります。

明治時代に入った一八七一年には、日本で最初の日刊（毎日発行する）新聞「横浜毎日新聞」が創刊されました。この新聞は、それまでのかわら版や新聞が、日本の和紙に印刷されていたのに対し、外国から輸入された紙に印刷されていました。

（「新聞の始まりって、知ってる？」『なぜ？ どうして？ 身近なぎもん 5年生』〈学研プラス〉より）

① 「かわら版」とよばれる理由を、文章中から書き出しましょう。（15点）

（　　　　　　　　　　）

② 「かわら版」に関するもので、今残っているのは、何ですか。（10点）

（　　　　　　　　　　）

③ 次のころ、発行されるようになったものは、何ですか。（一つ5点〔10点〕）

(1) 江戸時代の終わり

・かわら版とは別の（　　　　）。

(2) 明治時代の一八七一年

・日本で最初の（　　　　）。

④ 書く力 ③の(2)は、それまでのものとどんなことがちがいますか。（15点）

（　　　　　　　　　　）

終わりの一文から、新聞の変化をつかんでね。

クイズ

1で、かわら版は、どんなところで売られていたのかな？

① 人混みの中で　② 店の前で　③ 家々に配って

答え ▶ 90ページ

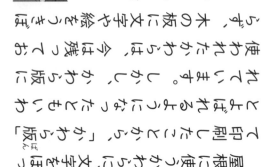

事例をおさえよう③

目標 10分　月　日　得点　点

1 次の文章を読んで、問題に答えましょう。

一つ10点【50点】

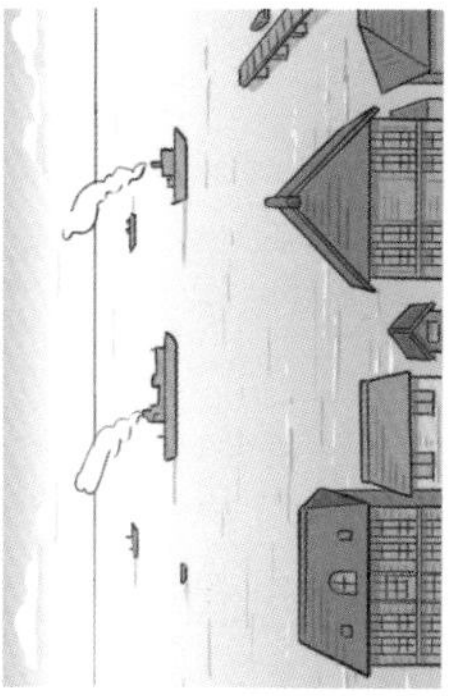

［一八七一年に、日本で最初の日刊新聞が創刊された。］

新聞には、横浜港への船の出入りや、輸出・輸入されたものの記録、港町で起こった事件、それにさまざまな広告がのせられていました。

そのうち、日本じゅうのあちこちで「いろいろな新聞」が発行されるようになりました。

最初のころは、大きな紙に、漢字ばかりのむずかしい文章で、世の中に起こったいろいろな事件やそれに対する感想などが書かれていました。これは、「大新聞」とよばれ、知識人以外は、読むのがむずかしいものでした。そのうちに、漢字にはふりがなをふり、さし絵もたくさん入った、一ぱんの人びとに親しみやすい新聞が発行されるようになりました。こちらは、「小新聞」とよばれました。

（「新聞の始まりって、知ってる？」『なぜ？どうして？身近なぎもん 5年生』〈学研プラス〉より）

① 日本で最初の日刊新聞には、港町で起こった事件やさまざまな広告のほかに、どのようなことがのっていましたか。

・（　　　　）

・（　　　　）

② 「いろいろな新聞」のちがいを、次の表にまとめましょう。

	大新聞	小新聞
紙面の様子	(1)	漢字にふりがな、たくさんのさし絵
読む人	知識人	(2)

③ 書く力 「大新聞」には、どのようなことが書かれていましたか。

（　　　　）

2 次の文章を読んで、問題に答えましょう。

一つ10点【50点】

　小新聞には、町のうわさや、上演されているしばいなどのニュース、連さい小説など、人びとが関心をよせる内容がのせられていました。小新聞は㋐たちまち大新聞をこえる人気となりました。

　やがて小新聞も、大新聞にのっていたような、さまざまなニュースものせるようになり、使われる紙も大きいものになりました。この新聞が、今みなさんの家に配られる新聞のように、発展していきました。

　印刷の方法も変わりました。今から約百四十年ほど前、木の板に代わって、金属に字をうきぼりにし、はんこのようにした「活字」をならべて使う「活版印刷」が始まります。金属の活字は木に比べてとてもじょうぶです。

　また、最初は外国から輸入していた紙も、国内で大量につくることができるようになりました。

　こうして、㋑新聞をたくさん印刷することができるようになっていったのです。


（「新聞の始まりって、知ってる？」『なぜ？　どうして？　身近なぎもん　5年生』〈学研プラス〉より）

① 小新聞が「㋐たちまち大新聞をこえる人気」となったのは、なぜですか。

・人びとが（　　　　）がのっていたから。

② 「小新聞」は、どう変わっていきましたか。次のことについて書きましょう。

(1) のせる内容（　　　　）

(2) 使われる紙（　　　　）

③ 「㋑新聞をたくさん印刷することができるようになっていった」のは、なぜですか。五字と六字で書きましょう。

・印刷で、［　　　　　　］が使われるようになったから。

・輸入していた紙が、［　　　　　　］つくられるようになったから。

クイズ

2で、最初のころの「小新聞」にのっていなかったものは、次のどれかな？

① 連さい小説　② 事件に対する感想　③ 町のうわさ

答え ▶ 90ページ

16 かくにんテスト②

名前

目標 15分　　月　　日

得点（とくてん）　　点

1 次の文章を読んで、問題に答えましょう。

一つ10点【50点】

　外国でサッカーの日本代表が試合をしているとき、日本は真夜中のことがあります。なぜ、日本と外国では、時間がちがうのでしょうか。

　□、アメリカのニューヨークと日本では、時刻（じこく）のちがいが十*四時間あります。これを㋐「時差」といいます。

　時差とは、人間が太陽の動きに合わせて生活するためにできたものです。

　地球は、丸い形をしていて、二十四時間で一回転していることは、みなさんも知っていますね。いっぽう、太陽はいつも同じ位置から地球を照らしています。そこで、地球上には、一部の地域（ちいき）をのぞいて、㋑太陽が空にのぼっている昼と、しずんでいる夜が、くりかえしやってきます。日本が昼のとき、地球のほぼ反対側にあるアメリカは夜になります。

※四月から十月は、サマータイムのため十三時間。

（「アメリカと日本では、どうして時間がちがうの？」『なぜ？どうして？ 身近なぎもん 5年生』〈学研プラス〉より）

① 書く力 この文章の話題は、何ですか。「〜ということ。」の形で書きましょう。

（　　　　　　　　　　）

② □には、どんな言葉が入りますか。記号を○で囲（かこ）みましょう。

ア そして　　イ また

ウ 次に　　エ 例えば

③ ㋐「時差」とは、どのようなものですか。六字で書きましょう。

・地球上の、ある場所とある場所との□□□□□□。

④ ㋑「太陽が空に……くりかえしやって」くるのは、なぜですか。

・地球は、丸い形をしていて、（　　　　　　）いるいっぽうで、太陽はいつも（　　　　　　）いるから。

2 次の文章を読んで、問題に答えましょう。

一つ10点【50点】

〔時刻は、太陽が真南にくる時間を基準にして決められた。〕

太陽が真南にくる時刻は、場所によってちがいます。ですから、㋐それぞれの地域でそれぞれの時刻が使われていたのです。

人びとが、自分の住んでいる土地からあまり移動しないでくらしていた時代には、ほかの場所と時刻がちがっても、こまることはありませんでした。□、鉄道や飛行機など、速く移動できる乗り物や、遠いところと話ができる電話が発明されると、㋑時刻がちがっていることが不便になってきました。

そこで、いろいろな国の人が話しあい、地球をいくつかの区域に分けて、時刻を少しずつずらすと決めました。この分けた区域を「タイムゾーン」といい、全部で三十八種類あります。今から八十年ほど前までに、世界じゅうで採りいれられるようになりました。

（「アメリカと日本では、どうして時間がちがうの？」『なぜ？どうして？　身近なぎもん　5年生』〈学研プラス〉より）

書く力 ① 「㋐それぞれの地域でそれぞれの時刻が使われていた」のは、なぜですか。

〔　　　　〕

② □には、どんな言葉が入りますか。記号を○で囲みましょう。

ア　しかし　　イ　しかも
ウ　だから　　エ　つまり

③ 「㋑時刻がちがっていることが不便になって」について答えましょう。

(1) そうなったのは、何が発明されたからですか。十字と二字で、二つ書きましょう。

(2) その不便をなくすために、何が作られましたか。六字で書きましょう。

答え ▶ 90ページ

17 物語［基本］

気持ちを表す言葉をおさえよう①

目標 10分

月　日

得点(とくてん)　　点

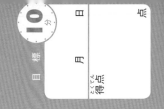

1 次の文章を読んで、問題に答えましょう。【25点】

いるかがこわい顔をして泳いでいると、出会った魚たちは、みんないっせいににげていく。

ギロッとにらむだけで、かには、岩の間にかくれてしまった。

「ははは。みんな弱虫だな。でも、じょうだんだよ。食べたりしないから、遊ぼうよ。」

① 魚たちがいるかをこわがっていることは、どんな行動からわかりますか。（15点）

・出会った魚たちは、みんな（　　　　　　）。

② ――線の言葉から、いるかのどんな気持ちがわかりますか。記号を○で囲(かこ)みましょう。（10点）

ア　おもしろがっている。

イ　さびしがっている。

2 次の文章を読んで、問題に答えましょう。一つ10点【20点】

そうはいっても、さんざんみんなをおどかした後だから、いるかがそばに寄(よ)っていくと、魚たちは、あっという間にすがたを消してしまう。

「ちえっ、なんだい。つまらないの。」

きれいな海の中も、ひとりぼっちで泳いでいると、だんだん色あせて見えてくる。

① いるかは、どんな気持ちでいますか。五字で書きましょう。

② いるかがさびしくなってきたことは、どんな表現(ひょうげん)からわかりますか。

・きれいな海も、ひとりぼっちで泳いでいると、だんだん（　　　　　　）見えてくる。

3 次の文章を読んで、問題に答えましょう。

とつ然、目の前の海草から、たこが飛び出してきた。

「お願い、くらげさんがうつぼにつかまったんだ。助けて！」

いるかは考えた。ぼくが行けば、うつぼはにげるだろうけど、今までぼくをきらっていたくせに、ピンチのときだけ助けてくれだなんて、勝手すぎる。


【25点】

① たこは、だれに助けを求めましたか。（10点）

（　　　　）

② 「考えた」とありますが、どう考えたのですか。両方できて（15点）

・今までぼくを（　　　　）いたのに、助けてくれだなんて、（　　　　）。

4 次の文章を読んで、問題に答えましょう。

「いやだね。ぼくは、君たちを助ける気はないよ。」

いるかがそう言うと、たこは悲しそうな顔をした。そのとき、そばにいたかにがさけんだ。

「たこ君、そんなやつにたのむことはないよ。ぼくたちだけで助けに行こう。」

かにはそう言うと、はさみをふり上げて、たこといっしょに歩き出した。

一つ15点【30点】

① いるかに断（ことわ）られたとき、たこは、どんな顔をしましたか。

・（　　　　）顔。

② かにが、いるかに対しておこっていることは、どんな言葉からわかりますか。

・［　　　　　］にたのむことはないよ。

かにには、いるかのことを何とよんでいるかな。

クイズ

3で、たこは、「だれがだれにつかまった」と言ったのかな？
① かにがうつぼに　② うつぼがいるかに　③ くらげがうつぼに

答え ▶ 91ページ

18 物語［基本］

気持ちを表す言葉をおさえよう②

目標 10分　月　日　得点（とくてん）　点

1 次の文章を読んで、問題に答えましょう。　一つ10点【20点】

いるかだけが、ぽつんとひとり取り残されてしまった。

「なんだよ、あいつら。勝手なことばかり言って。」

㋐強がりを言っても、だんだん㋑不安になってくる。

「でも、だいじょうぶかな……。」

◎ ㋐「強がり」と㋑「不安」は、それぞれ、いるかのどんな言葉に表れていますか。

㋐ 強がり
（　　　　　　）

㋑ 不安
（　　　　　　）

2 次の文章を読んで、問題に答えましょう。　一つ10点【30点】

たこたちのたのみを断（ことわ）ったことを、いるかは㋐後かいし始めた。

「みんながやられたらどうしよう。ぼくが助けなかったせいで、みんなが大けがをするかもしれない……。」

㋑不安は、ますます大きくなってくる。

気がつくと、いるかは、みんなが消えていった方へ、ものすごいスピードで泳ぎ出していた。

① いるかは、どのように㋐「後かいし始めた」のですか。

・自分が（　　　　　　）ために、たこたちが大けがをするかもしれない。

② ㋑「不安」の大きさは、いるかのどんな行動に表れていますか。

・（　　　　　　）、いるかは、（　　　　　　）で、みんなの方へ泳ぎ出していた。

3 次の文章を読んで、問題に答えましょう。

悲鳴のした方へ泳いでいくと、たこたちとうつぼが戦っていた。うつぼは、まるでかいじゅうのように、たこたちをはねとばしていた。かには、はさみをふり回したが、うつぼは、大きな口を開け、とがったきばでそれをかみくだこうとした。

いるかは、夢中（むちゅう）で戦いの中に飛びこんでいった。

一つ10点【30点】

① うつぼは、どんな様子で、たこたちをはねとばしていましたか。

・まるで（　　　　）のように。

② みんなを助けたい、という.いるかの気持ちは、どんな行動に表れていますか。

・（　　　）の（　　　）で（　　　）中に飛びこんでいった。

4 次の文章を読んで、問題に答えましょう。

大きないるかがとっ進してくるのを見たうつぼは、

「これはまずい。にげよう。」

と言って、岩の間を泳ぎ去った。

「ありがとう、いるかさん。」

たこたちが、いるかの周りに集まってきた。くらげも無事だったようだ。

「みんなだいじょうぶ。さっきはごめん。」

いるかは、すなおになっている自分に、照れていた。

一つ10点【20点】

◎ うつぼが泳ぎ去ったとき、たこたちは、いるかに対してどんな気持ちでしたか。二つ選んで、記号を○で囲（かこ）みましょう。

ア　こわいと思った。

イ　たのもしく思った。

ウ　かわいそうに思った。

エ　うれしく思った。

いるかがたこたちを助けたこと、いるかに「ありがとう」と言っていることから考えてみよう。

クイズ

3 で、たこたちの戦いは、うつぼに対してどうだったかな？

① 勝てそうだった　② 負けそうだった　③ 対等にわたりあっていた

答え ▶ 91ページ

19 物語［標準］

気持ちを読み取ろう①

目標 10分　　月　日　得点　　点

1 次の文章を読んで、問題に答えましょう。【50点】

「自分で起きられないような人が、他人さまを助けるなんてことできるかしら。管野健介さんは、たしか目覚まし時計を三台ほどお持ちなはずですけれど？」

ぼくは、㋐グッと言葉につまった。

「わかったよ。自分で起きるから、いいよ！」

ぼくは㋑ドスドスと階段を上がっていった。

（まったく。『えらいわ健介、がんばりなさいね。母ちゃんも、早起きして、おいしい朝ごはんを作っておうえんするわ』ぐらい、言ってくれてもいいのに……。）

ほんとうに、そう言ってもらって当然と思えるぐらい㋒「あきかん回収委員会、委員長」になってからずっと、ぼくは大いそがしだったんだ。

（渋谷愛子「あきかんカンカラカンコン」〈学習研究社〉より）

① 「ぼくが、㋐「グッと言葉につまった」のは、なぜですか。記号を○で囲みましょう。（10点）

ア　お母さんの言い方が、おかしかったから。

イ　一人で起きられない自分が、悲しくなったから。

ウ　いやみを言われてくやしいが、そのとおりだと思ったから。

書く力 ② ㋑「ドスドスと階段を上がっていった」から、「ぼく」のどんな気持ちがわかりますか。（15点）

（　　　　　　　　）

③ 「ぼく」は、お母さんに、どう言ってほしかったのですか。その部分の初めと終わりの三字を、それぞれ書きましょう。両方できて（10点）

□□□～□□□

④ ㋒「あきかん……委員長」になって、「ぼく」は、どうなりましたか。（15点）

□□□□□にな った。

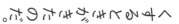

2 次の文章を読んで、問題に答えましょう。

【50点】

あきかん回収委員は、五、六年の各クラスから二名ずつ選ばれている。

野崎君は、やらなくてはならない仕事を、委員の人たちにつぎつぎ指示してくれた。

秋山さんは、「あきかん通信」の原こうをさっと書いてくれる。

全校集会でぼくが発表する言葉を考えてくれたのも秋山さんだ。

たのもしい副委員長二人のおかげで、「第一回、あきかん回収」への準備は着々と進んでいった。

みんながテキパキと仕事するなかを委員長のぼくはウロウロしているだけみたいだった。

でも、明日の朝の回収からはそうはいかない。

いよいよ、体力には自信がある委員長のぼくが先頭に立って活やくするときがきたのだ。

「よし、やるぞ!」

三台の目覚まし時計をばらばらに配置すると、ぼくはふとんにもぐりこんだ。

〈渋谷愛子「あきかんカンカラカンコン」〈学習研究社〉より〉

① 二人の副委員長を、「ぼく」は、どう思っていますか。五字で書きましょう。(10点)

② 「そうはいかない」とは、どういうことですか。記号を〇で囲みましょう。(15点)

ア 準備のときのようには、うまく進まない。

イ テキパキと仕事はできない。

ウ ウロウロとはしていられない。

まず、「そう」の指す内容をとらえてね。次に、それを否定する内容を考えてね。

書く力

③ 明日のあきかん回収で、「ぼく」は、委員長としてどうしようと思っていますか。(15点)

④ 「ぼく」がはりきっていることは、どんな言葉からわかりますか。(10点)

クイズ

1 で、ふだんの「ぼく」の朝は、どんな様子だとわかるかな?

① 自分で起きられない ② 自分で起きられる ③ 目覚まし時計ですぐ起きる

答え ▶ 91ページ

20 物語［標準（ひょうじゅん）］

気持ちを読み取ろう②

目標 10分

月　日

得点（とくてん）　点

1 次の文章を読んで、問題に答えましょう。【50点】

［あきかんを数えようと言う「ぼく」に、野（の）崎（ざき）君は、そんなことは「むだ」だと言った。］

でも、一回だけでもいいから、あきかんの数を数えてみるということは、むだではないような気がする。

むだでもなんでも、数えてみたい！

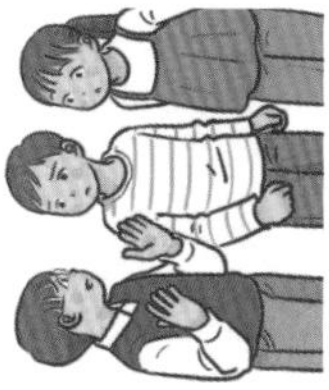

ぼくはムキになっていた。

「先生に話して、委員以外の人にも協力をたのめるようにするからさ。」

「そうね……、それなりの人数が集まれば、なんとかできるかも……。」

秋山（あきやま）さんが、少し㋐その気になってくれたようだ。

「悪いけど、ぼくは今日の放課後は塾（じゅく）なんだ。テストの日だし、残れないよ。」

野崎君が、㋑言いにくそうに言った。

「いいよ、みんなに協力してもらえれば、副委員長の一人がいなくたって、べつに。」

「べつに」というところに、㋒みょうに力が入ってしまった。

（渋谷愛子「あきかんカンカラカンコン」〈学習研究社〉より）

① 「ぼく」の、あきかんの数を数えたいという気持ちが、強く表れている一文を書き出しましょう。（10点）

［　　　　］

書く力 ② ㋐「その気」とは、どういう気持ちですか。（15点）

［　　　　］

③ ㋑「言いにくそうに」から、野崎君のどんな気持ちがわかりますか。（10点）

・みんなに［　　］なという気持ち。

④ ㋒「みょうに力が入ってしまった」のは、なぜだと思われますか。記号を○で囲（かこ）みましょう。（15点）

ア　野崎君には、協力してほしくなかったから。

イ　野崎くんがいなくても平気だと意地を張（は）ったから。

ウ　べつにどうでもよかったから。

2 次の文章を読んで、問題に答えましょう。 【50点】

大西先生がやってきた。

「すごいじゃないか、こんなに集まって。回収委員みんな、よくがんばった。」

ほめてくれているのかもしれないけれど、ちっともうれしくない。

児童会で、なにか身近にできるボランティアをやろうという話になったとき、「あきかん回収によるユニセフ募金」を提案したのは、大西先生だということだ。まったく、㋐こんなめんどうなことを提案したおかげで、こっちは㋑大めいわくだ。

「先生、ほんとうに大変だったんですよ！」

「分別はしていない、つぶしてこない、きたないまま。」

「おまけに、数まで数えるなんて言うから信じられないよ。」

野崎君があきれたように言った。


（渋谷愛子「あきかんカンカラカンコン」〈学習研究社〉より）

① 大西先生にほめられて、「ぼく」は、どう感じましたか。 (15点)

(　　　　)

② ㋐「こんなめんどうなこと」とは、何を指しますか。記号を○で囲みましょう。 (10点)

ア　あきかんの数を数えること。
イ　ボランティアをやること。
ウ　あきかん回収によるユニセフ募金。

③ ㋑「大めいわくだ」というのは、だれに対する気持ちですか。 (10点)

(　　　　)

④ 野崎君は、あきかんの数を数えることを、どう思っていますか。記号を○で囲みましょう。 (15点)

ア　賛成している。
イ　反対している。
ウ　賛成でも反対でもない。

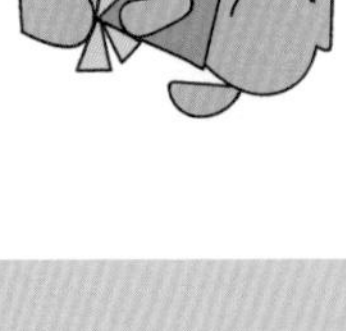
「信じられないよ」という言葉から気持ちを考えよう。

クイズ

2で、あきかんは、どれくらい集まったのかな？
① 非常に少ない　② 思ったよりも多い　③ だいたい予想通りの数

答え ▶ 91ページ

21 伝記［基本］人物像をおさえよう

目標 10分　　月　日　得点　　点

1 次の文章を読んで、問題に答えましょう。 一つ10点【20点】

化学物質による環境おせん※のおそろしさをうったえた『沈黙の春』は、世界じゅうに大きなしょうげきをあたえました。

この本を書いたことで知られるレイチェル・カーソンは、この本によって、「地球の恩人」とよばれています。

※おせん…空気・水などが、ばいきん・ちりなどでよごされること。

① レイチェル・カーソンは、どんなことで知られていますか。

・（　　　　）を書いたこと。

② かの女は、何とよばれていますか。

（　　　　）

どんなことをした人物かをおさえよう。

2 次の文章を読んで、問題に答えましょう。 【30点】

小さいころのレイチェルは、一人で遊ぶことが多く、愛犬のキャンディと近くの森や小川のほとりを探検するのが好きでした。

母のマリア・カーソンは、いつも質素な服そうをしていて、一見さびしそうに見えましたが、実は心のおだやかなやさしい人でした。レイチェルは、その性格をそのまま受けつぎました。

① 小さいころのレイチェルは、何をするのが好きでしたか。 両方できて（10点）

・近くの（　　　　）を（　　　　）こと。

② レイチェルの母親は、(1)どんな服そうをした、(2)どんな性格の人でしたか。 一つ10点（20点）

(1)（　　　　）

(2)（　　　　）

3 次の文章を読んで、問題に答えましょう。【30点】

レイチェルは、母とよく、近くの森を散歩しました。そんなとき、母のマリアは、野にさく花や森にすむ動物について話してくれました。また、夜空の星をいっしょにながめたりもしました。

こうしてマリアは、レイチェルに、大自然の美しさと不思議さ、生き物や生命を愛することの大切さを教えたのです。

① 「こうして」とは、どのようにしてということですか。（両方できて10点）

・いっしょに（　　　）を散歩したり、（　　　）をながめたりして。

② マリアは、レイチェルに、どんなことを教えましたか。二つに分けて書きましょう。（一つ10点〈20点〉）

（　　　）

（　　　）

4 次の文章を読んで、問題に答えましょう。【20点】

レイチェルは、本を読むことも大好きでした。マリアは、レイチェルが小さいころから、よく本を読んで聞かせてくれました。

読書と自然への興味(きょうみ)。後に作家であり、生物学者となるレイチェル・カーソンの二つの土台は、こうして二つとも、母マリアが築(きず)いてくれたものでした。

① 「二つの土台」とは、何を指していますか。（10点）

（　　　）

② 「二つの土台」とは、レイチェルが、どうなるための土台ですか。（両方できて10点）

・（　　　）であり、（　　　）となる土台。

クイズ

2で、レイチェルが母親からそのまま受けついだものは、何かな？

① きびしい性格(せいかく)　② 学者になれる才能(さいのう)　③ おだやかな性格

答え ▶ 92ページ

状況を読み取ろう

目標 10分　　月　　日　　得点　　点

1 次の文章を読んで、問題に答えましょう。【50点】

デュナン*は一八二八年、スイスで生まれました。家はゆう福でしたが、やさしい子に育ってほしいと思ったお母さんは小さいデュナンを孤児院や養老院に連れて行き、いっしょに手伝いやお世話をしました。そうした経験からデュナンの心には、こまっている人や助けを必要としている人たちの役に立ちたいという思いが強く根付いたのです。

デュナンは三十一才のとき、北イタリアのソルフェリーノという村を通りました。当時、ヨーロッパではいたるところで戦争が起きていました。そこでデュナンは、目の前の光景にがくぜんとします。

「これはいったい……何てことだ。」

臨時病院となった教会には負傷兵が山のようにつめこまれ、手当てもされないまま放置されていました。

*デュナン…アンリー・デュナン。「国際赤十字」をつくった。

（「10分で読める伝記　5年生」〈学研プラス〉より）

① お母さんが、デュナンを孤児院や養老院に連れて行ったのは、なぜですか。（15点）

（　　　　　　）と思ったから。

② 書く力　孤児院や養老院での経験から、デュナンは、どう思うようになりましたか。デュナンの思いを書きましょう。（15点）

③ デュナンが三十一才のときの、ヨーロッパの状況を表す言葉を、漢字二字で書きましょう。（10点）

④ 「目の前の光景」が書かれている文の初めの五字を書きましょう。（10点）

デュナンがおどろいた光景をおさえよう。

2 次の文章を読んで、問題に答えましょう。

一つ10点【50点】

病院といっても医者のすがたはありません。町の人数人が手当てにあたっているだけです。

デュナンは負傷兵たちの間をかけ回り手当てをしようとしますが、うまくできません。とにかく手が足りないのです。こまったデュナンは町の人たちに声をかけ、協力をたのみました。

「負傷兵を助けたいのです。手を貸してもらえませんか。」

デュナンのよびかけに応えた町の人たちが集まり、一生けんめい負傷兵の手当てをしてくれました。中でも女の人たちがどろや血だらけになりながら、自分の子どもの世話をする母親のように兵士たちを助けるすがたに、デュナンは㋑むねがいっぱいになりました。

（ア：敵も味方も関係ありません。）

（「10分で読める伝記 5年生」〈学研プラス〉より）

① デュナンが見た病院とは、どのようなところでしたか。

（　　　　）はいなくて、（　　　　）が手当てにあたっているだけのところ。

書く力 ② 負傷兵たちの手当てがうまくできなかったデュナンは、どうしましたか。

〔　　　　　　　　　　〕

③ ㋐「敵も味方も関係ありません。」とは、どういうことですか。記号を○で囲みましょう。

ア 敵味方の区別がつかないこと。
イ 敵と味方を差別しないこと。
ウ 敵にも味方にも無関心なこと。

④ ㋑「むねがいっぱいになりました。」は、どんな気持ちですか。記号を○で囲みましょう。

ア 負傷兵が助かって安心した。
イ このままではだめだと思った。
ウ すばらしい行動に感動した。

クイズ

1で、デュナンは、どこのどんな家で生まれたのかな？
① スイスの貧しい家 ② スイスのゆう福な家 ③ イタリアのゆう福な家

答え ▶ 92ページ

23 伝記［標準］

人物の考えを読み取ろう

目標 10分　月　日　得点　点

1 次の文章を読んで、問題に答えましょう。

一つ10点【50点】

さらにデュナンは、ほりょとなっているオーストリア人の医師をしゃく放し、負傷兵の治りょうをしてもらうようフランス軍にお願いしました。とてもむずかしい願いですが、デュナンの情熱にうたれたフランス軍の幹部はその願いを聞き入れました。しゃく放された多くのオーストリア人医師は、敵味方関係なく熱心に負傷兵を治りょうし、多くの命を救ったのです。

ソルフェリーノでのできごとからデュナンは思いました。

（人間はみなきょうだいだ。戦争は国や民族同士の争いで、人と人の争いではない。どんなひさんな状況でも人間の善意はなくならないんだ。）

帰国後、デュナンはこのときの体験を本に書きます。本は、発売とともに話題になりました。

（「10分で読める伝記　5年生」〈学研プラス〉より）

① デュナンがフランス軍にほりょの医師をしゃく放するようにお願いしたのは、どのような思いからですか。

・（　　　　）してもらい、多くの（　　　　）を救いたい。

書く力 ② フランス軍がデュナンの願いを聞き入れたのは、なぜですか。

［　　　　　　　　　　］

③ 「このときの体験」で、デュナンは何を思いましたか。

・人間はみな（　　　　）で、ひさんな状況においても（　　　　）ということ。

文章中の（　）の中の言葉に注目！

2 次の文章を読んで、問題に答えましょう。

一つ10点【50点】

　ある日、法律家のモアニエがデュナンをたずねてきて言いました。
「デュナンさんの本を読んで感動しました。わたしたちといっしょに、この考えを世界中に広めませんか。」
　もちろんデュナンにはうれしい話です。さっそく仲間を集め、さまざまな活動を始めました。そして一八六三年、ジュネーブで行われた国際会議で、デュナンたちはうったえたのです。
「戦場であろうと、けがをした者はすべて、敵味方なく中立の立場で助けるべきです。」
　参加した十二か国すべてがこの考えに賛成しました。この考えを表すシンボルマークを白地に赤い十字…赤十字としました。
　翌一八六四年、「赤十字の旗」がかかげられた場所ではこうげきをやめて中立を守る」というジュネーブ赤十字条約が国際的な決まりになりました。

（「10分で読める伝記　5年生」〈学研プラス〉より）

① モアニエの話を聞いたデュナンは、どんな気持ちでしたか。四字で書きましょう。

② 「この考え」とは、どのようなものでしたか。それが書かれている文の初めの七字を書きましょう。

③ 一八六三年の国際会議で「この考え」をうったえた結果、どうなりましたか。二つ書きましょう。

・参加した国すべてが、
（　　　　　　　　）。

・この考えのシンボルマークを、
（　　　　　　　　）。

書く力 ④ 「この考え」にもとづく国際的な決まりができた年と決まりの名前を、まとめて書きましょう。

（・　　　　　　　　）

が決められた。

クイズ

1で、デュナンは、戦争とはどんなものだと思ったのかな？

① 人と人の争いではない　② 人と人の争いだ　③ 国と国の争いではない

答え ▶ 92ページ

24 かくにんテスト③

名前

目標 15分　月　日

得点（とくてん）　点

1 次の文章を読んで、問題に答えましょう。【50点】

〔森に住んでいたブドリが十才のとき、冷害で作物が全くとれず、それがよく年も続いて、秋には本当の*ききんになった。〕

ブドリのおとうさんもおかあさんも、すっかり仕事をやめていました。そしてたびたび心配そうに相談しては、かわるがわる町へ出て行って、やっとすこしばかりのきびのつぶなどもって帰ることもあれば、なんにももたずに顔色を悪くして帰ってくることもありました。そしてみんなは、こならの実や、くずやわらびの根や、木のやわらかな皮や、いろんなものをたべて、その冬をすごしました。けれども春がきたころは、おとうさんもおかあさんも、何かひどい病気のようでした。

ある日おとうさんは、㋐じっと頭をかかえて、いつまでもいつまでも考えていましたが、にわかに起きあがって、

「おれは㋑森へ行って遊んでくるぞ。」

といいながら、よろよろ家を出て行きましたが、まっくらになっても帰ってきませんでした。

*ききん…作物が実らないため、食物が足りなくなること。

（宮沢賢治「グスコーブドリの伝記」『風の又三郎』〈偕成社〉より）

① ブドリの両親は、町へ出て、何をもって帰りましたか。（8点）

（　　　　）

② 何ももたずに町から帰るとき、両親は、どんな様子でしたか。（8点）

（　　　　）していた。

書く力 ③ 食べ物にこまっていたことは、どんなことからわかりますか。（14点）

（　　　　）

書く力 ④ ㋐「じっと頭をかかえて」は、おとうさんのどんな様子を表しますか。（10点）

（　　　　）

⑤ おとうさんが㋑「森へ行っ」たのは、何のためだと思われますか。記号を○で囲（かこ）みましょう。（10点）

ア　遊ぶため。

イ　いなくなるため。

ウ　食べ物をさがすため。

2 次の文章を読んで、問題に答えましょう。

【50点】

（父も母もなくしたブドリは、沼畑で働くことになったが、沼畑の主人はオリザをみんなからしてしまった。主人は、ブドリに、「りっぱなオリザを作るくふうをしてくれ。」と言って、本を一山わたした。）

ブドリは仕事のひまに、かたっぱしからそれを読みました。ことにその中の、クーボーという人のものの考えかたを教えた本はおもしろかったので、なんべんも読みました。またその人が、イーハトーブの市で一か月の学校をやっているのを知って、たいへん行ってならいたいと思ったりしました。

そして早くもその夏、ブドリは大きな手がらをたてました。それは去年とおなじころ、またオリザに病気ができかかったのを、ブドリが木の灰と塩をつかって食いとめたのでした。そして八月のなかばになると、オリザのかぶはみんなそろって穂を出し、その穂の一枝ごとに小さな白い花が咲き、花はだんだん水色のもみにかわって、風にゆらゆら波をたてるようになりました。主人はもうとくいの絶頂でした。

＊オリザ…いねのこと。

（宮沢賢治「グスコーブドリの伝記」『風の又三郎』〈偕成社〉より）

① ブドリは、主人にわたされた本の中で、(1)だれの、(2)どんな本が、気に入りましたか。 一つ8点(16点)

・(1)（　　　　）という人の、(2)（　　　　）本。

書く力 ② ブドリがたてた「大きな手がら」とは、どんなことですか。 (14点)

（　　　　）

③ りっぱに実ったオリザを見て、主人はどんな様子でしたか。六字で書きましょう。 (10点)

（　　　　　　）

④ 文章全体から、ブドリはどんな人がらだと思われますか。記号を○で囲みましょう。 (10点)

ア　本を読むのは好きだが、仕事は好きではない人。

イ　研究熱心で、それを仕事に生かそうとする人。

ウ　いつも畑で仕事ばかりしていて、本は読まない人。

答え ▶ 92ページ

25 説明文［基本］
事実と意見の関係をおさえよう①

目標 10分　月　日　得点（とくてん）　点

1 次の文章を読んで、問題に答えましょう。
一つ10点【30点】

㋐日本は、国土の三分の二が森林におおわれています。意外にも、国土面積にしめる森林の割合（わりあい）は、フィンランドやブラジルと同じくらいで、世界の森林国とかたをならべるほどです。

㋑日本の自然が美しいのも、森林の多さによるところが大きいといえます。

① 日本の国土面積にしめる森林の割合は、どこと同じくらいですか。

（　　　　）

② 〰〰線あ、いは、「事実」「意見」のどちらを述（の）べていますか。

㋐（　　　　）

㋑（　　　　）

2 次の文章を読んで、問題に答えましょう。
一つ5点【20点】

たくさんの生き物をはぐくむ森林は、また、人間にとっても大切なものです。

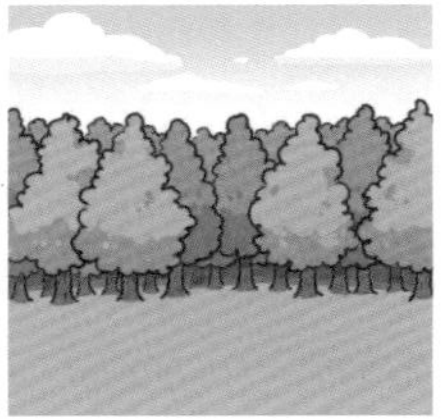

森林は、雨をすいこんで水をたくわえたり、山くずれを防（ふせ）いでくれたりします。また、木材などの資源（しげん）にもなります。さらに、二酸化炭素（にさんかたんそ）をすいこんで酸（さん）素（そ）を出すという、とても大切なはたらきもあるのです。

◎ 森林が、「人間にとっても大切」なのは、どんなはたらきがあるからですか。

・（　　　　）をたくわえたり、（　　　　）を防いだりする。

・（　　　　）などの資源になる。

・（　　　　）をすいこんで、酸素を出す。

3 次の文章を読んで、問題に答えましょう。

一つ10点【30点】

ところが、今、日本では、あれた森林が増えています。特に人工林は、間ばつ*などの手入れや、木を切った後の植林が必要なのに、それがされないために、あれてしまうのです。

その理由は、人手不足と、安い輸入材のために国産材が売れないことにあります。

つまり、日本の森林の問題点は、日本の木が売れない、というところにあるといえるのです。

＊間ばつ…こみ合った木を切って、適当な間かくを空けること。

① 人工林があれるのは、なぜですか。

・間ばつなどの（　　　）や、（　　　）をしないから。

② 筆者は、日本の森林の問題点は、どんなところにあると考えていますか。

・（　　　）ところ。

「それがされないために」に注目。「それ」の内容をつかもう。

4 次の文章を読んで、問題に答えましょう。

一つ10点【20点】

日本の森林を元気にするために、わたしたちは、何をするべきでしょうか。

多少高くても、木の家や家具にはしっ気を防ぎ、また、虫を寄せつけないなどの利点があります。生活を快適にし、元気な森林を回復させるために、日本の木を活用するべきだと思います。

① 「木の家や家具」には、虫を寄せつけないことのほかに、どんな利点がありますか。

（　　　）

② 筆者が最も言いたいことは、どの文で述べられていますか。その文の初めの五字を書きましょう。

□□□□□

クイズ

3で、日本では今、どんな森林が増えているとわかるかな？

① 元気な森林　② あれた森林　③ 手入れされた森林

答え ▶ 93ページ

26 事実と意見の関係をおさえよう②

目標 10分　月　日　得点　点

1 次の文章を読んで、問題に答えましょう。

一つ15点【30点】

森林のもう一つの大きなはたらきに、二酸化炭素をすいこむということがあります。

地球の温暖化現象という言葉を聞いたことがありますか。

二酸化炭素は、熱をのがさないはたらきをするので、これが増えると、地球がどんどん暑くなってしまうというものです。

① 「森林のもう一つの大きなはたらき」とは、どんなはたらきですか。

・（　　　　）というはたらき。

② 最後の文は、何について説明していますか。

・地球の［　　　　］とはどういうものか、について。

2 次の文章を読んで、問題に答えましょう。

一つ10点【20点】

人は、エネルギーを使うことで、大気中にどんどん二酸化炭素を出しています。電気や石油などを使えば使うほど、二酸化炭素が増えるわけです。つまり、わたしたちの便利な生活が、地球環境をどんどん悪化させているといえるのです。

この二百年の間に、大気中の二酸化炭素の割合は、三十％も増えました。

① 「便利な生活」の例として、具体的にどんなことを挙げていますか。

・（　　　　）などを使うこと。

② 筆者は、どんな考えを述べていますか。

・わたしたちの便利な生活が、（　　　　）を悪化させている。

「つまり、…。」の文で考えをまとめているよね。

3 次の文章を読んで、問題に答えましょう。

一つ10点【20点】

　森林は、二酸化炭素をすいこんで酸素を出すことで、大気のバランスを保ってくれます。

　ところが、人は、森林を焼きはらったり、切り開いたりして、森林を減らしてきました。今でも、世界では毎年、日本の面積の七分の一もの森林がなくなっているのです。

① 人は、どのようにして森林を減らしてきましたか。

・（　　　　　　）、切り開いたりして。

② 森林の減少について、どんな事実が述べられていますか。

・世界では毎年、（　　　　　　）もの森林がなくなっている。

4 次の文章を読んで、問題に答えましょう。

一つ10点【30点】

　二酸化炭素をこれ以上増やさないために、わたしたちにできること、やるべきことがいろいろあると思います。

　一つは、エネルギーの使用を減らすよう、便利な生活を見直すことです。

　そしてもう一つは、たくさんの二酸化炭素をすってくれる、しっかり手入れされた、元気な森林をとりもどすことなのです。

① この文章は、「事実」「意見」のどちらを述べていますか。

（　　　　）

② 二酸化炭素を増やさないために、わたしたちがしなければならないことを書きましょう。

・（　　　　　　）を減らすよう、便利な生活を見直す。

・しっかり手入れされた、（　　　　　　）をとりもどす。

クイズ

1で、大気中の二酸化炭素が増えると、いったいどうなるのかな？

① どんどん寒くなる　② どんどん雨がふる　③ どんどん暑くなる

答え ▶ 93ページ

27 説明文［標準］

要旨をとらえよう①

目標 10分　月　日　得点　点

1 次の文章を読んで、問題に答えましょう。

一つ10点【50点】

㋐読書力があることの基準を文庫系百冊新書系五十冊を読んだことにおいたが、なぜ文庫系百冊なのか。

それは、読書が「技」として質的な変化を起こすのが、およそ百冊単位だからだ。もちろん一冊一冊で読書力には変化が起こる。しかし、大きな観点から見たときに、質的な違いがはっきりと表れる冊数となると、十冊二十冊ではなく、百冊ということになる。

㋑「技」になるポイントというものがある。習慣となり、それをすることが当たり前になるポイントである。あるいは、常にミスすることなく、的確に※コンスタントな読みができるというレベルでもある。

※コンスタント…いつも一定している様子。

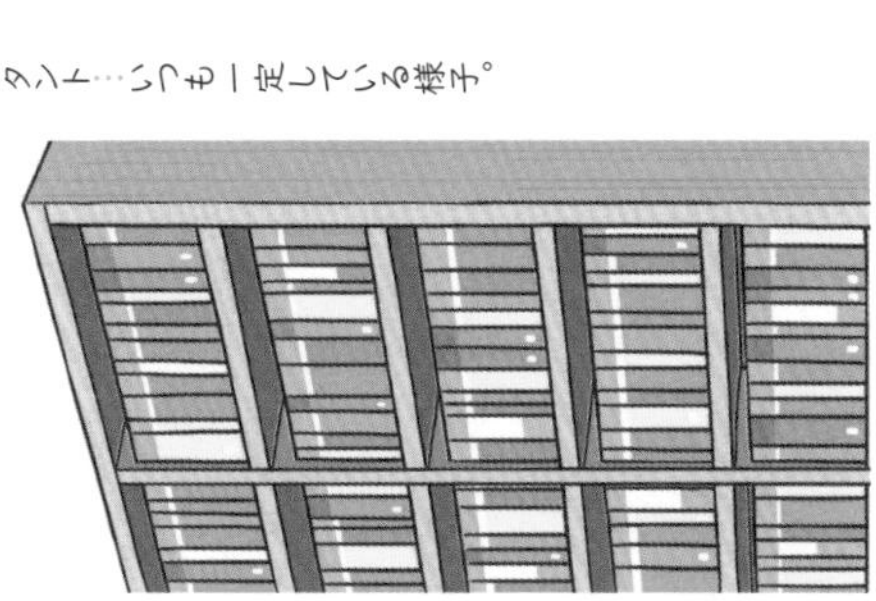

（齋藤孝「読書力」〈岩波書店〉より）

① ㋐「読書力があることの基準」が「文庫系百冊」なのは、なぜですか。

• 百冊読めば、読書が［　　　　　　　　］から。

② ㋑「『技』になる」とは、ここでは、どうなることですか。二つに分けて書きましょう。

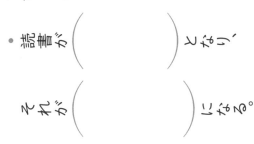

• 読書が（　　　　）となり、それが（　　　　）になる。

• 読書をするときに、（　　　　）をしないで、（　　　　）読み方ができる。

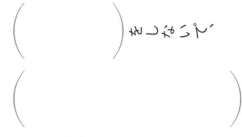

同じ段落の「あるいは」の前後から、二つの内容をとらえてね。

2 次の文章を読んで、問題に答えましょう。

一つ10点【50点】

　では、百冊をどのくらいの期間で読めばよいのか。もちろん一生かけて百冊に至るのでも悪くはない。しかし、㋐トレーニング効果を考えると、㋑有効期限は一応四年と設定したい。昔はできたんだが今はできない、というのでは技とは言えない。完全に忘れてゼロになってしまう前に、反復練習を重ねていくことが、トレーニングでは必要だ。そして、ある程度集中した練習期間をもつことによって、技が定着してくる。

（略）

　百冊というのは、大ざっぱに言って、月二冊で四年、月四冊だと二年かかる数字だ。中学高校で文庫系を三、四年でこなし、それに続いて新書系をこなす。これが、知力のトレーニングとして日本人の当然のメニューになれば、この国が※地盤沈下するという不安を※払拭することができると考えている。

※地盤沈下…ここでは、経済など、国の勢いがおとろえること。
※払拭…ぬぐい去ること。

（齋藤孝「読書力」〈岩波書店〉より）

① 「㋐トレーニング」とは、具体的にどういうことを表していますか。□に言葉を書きましょう。

・文庫系を［　　］読み、読書を［　　］として定着させること。

書く力 ② 「㋑有効期限は一応四年」としたのは、トレーニングには何が必要だからですか。二つ書きましょう。

［　　　　］

［　　　　］

③ この文章の筆者の考えに合うものの記号を、○で囲みましょう。

ア　読書トレーニングは、中高生にしか役立たない。

イ　知力のトレーニングによって、この国の地盤沈下をなくすことができるだろう。

ウ　読書が、知力をつけるトレーニングのメニューになれば、この国は明るくなる。

クイズ

2で、文庫系百冊の読書のペースで、筆者があまりすすめていないのは、次のどれ？

① 一生で百冊　② 月二冊で四年　③ 月四冊で二年

答え ▶ 93ページ

要旨をとらえよう②

目標 10分　　月　　日　　得点　　点

1 次の文章を読んで、問題に答えましょう。

一つ10点【50点】

　一日のうちで、自分と向き合う時間が何もないという過ごし方もできる。テレビを見ている時間が、典型的にそれだ。テレビの娯楽番組を見ていれば、自分に向き合う必要もないし、テレビはそのような隙も与えない。自分と向き合うことを主題としたテレビ番組は多くない。テレビは、自分の外側の問題に興味を喚起させる力はあるが、自分自身と向き合う時間はつくりにくい媒体だ。

　テレビの時間は、テレビをつくる側が管理している。どのようなテンポでどんな情報を組み合わせれば視聴者が退屈しないのかを計算しながら時間の流れをつくっている。読書の場合は、読書の速度を決めるのは、主に読者の方だ。途中で休んでもいいし、速いスピードで読みつづけてもいい。読書の時間は、読者の側がコントロールしているのである。

（齋藤孝「読書力」〈岩波書店〉より）

書く力 ① 「それ」は、何を指しますか。

（　　　　　　　　）

書く力 ② テレビにあるのは、どのような力ですか。

（　　　　　　　　）

③ 筆者は、テレビと読書を比べています。二つのちがいがわかるように書きましょう。

・テレビの時間は、（　　　　）が管理し、時間の（　　　　）をつくっている。

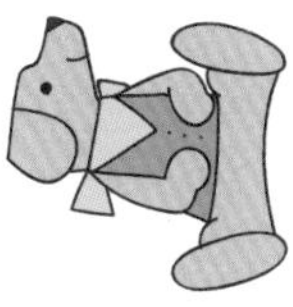

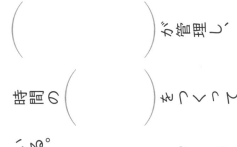

「時間」をコントロールしているのは、どちら側かな？

・読書の時間は、読む速度も休むことも（　　　　）がコントロールしている。

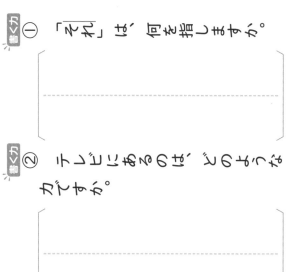

2 次の文章を読んで、問題に答えましょう。

一つ10点【50点】

本のおもしろさは、一人の著者がまとまった考えを述べているにもかかわらず、言葉がその著者の身体からは一度切り離されているところにある。たとえば吉田兼好*の『徒然草』を読む。兼好の身体はとうにこの世にはない。しかし、言葉は残っている。兼好の見事な論理と表現は、何百年の時を超えて、感情のひだをも伝えるようにこちらの胸に迫ってくる。

外国の著者の場合は、いっそうその感が強い。私はゲーテ*が好きで、ゲーテを自分のおじさんのようにも感じている。しかし、ゲーテと私とは時も場所も離れた関係にある。

（略）

時と場所が離れた人間と出会うということは、ふだんのコミュニケーションとは違う楽しい緊張感を味わわせてくれる。

*吉田兼好…兼好法師。鎌倉時代、『徒然草』を書いた人物。
*ゲーテ…十八～十九世紀のドイツの作家。

〈齋藤孝「読書力」〈岩波書店〉より〉

① 「兼好の……残っている。」とは、どういうことですか。
- 兼好はいないが、兼好の言葉は『（　　）』という（　　）に残されているということ。

② 筆者の考えを説明するために、「兼好」の他に、例として挙げられているものを書きましょう。

（　　）

③ 筆者にとって、ある著者の本を読むというのは、どういうことですか。十四字で書きましょう。

- □□□□□□□□□□□□□□ ということ。

④ 書く力 ③のような考え方で本を読むことによって、読者に何を感じさせると述べていますか。

（　　）

クイズ

2 で、本の著者とその本の読者との関係を表す言葉として、筆者が使っているのは？

① コミュニケーション　② テンポ　③ コントロール

答え ▶ 93ページ

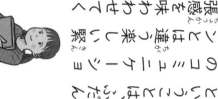

29 説明文［標準］
段落の役割をおさえよう

目標 10分　月　日　得点　点

1 次の文章を読んで、問題に答えましょう。【50点】

1 会社をつくるときは、仕事に使う設備や材料を準備するため、たくさんの資金が必要になります。

2 必要なお金を全部自分でためようとすると、時間がかかり、なかなか会社を始めることができません。また、必要なお金を銀行などから借りるとなると、あとから利子をつけて返すことになります。

3 そこで、足りないお金をいろいろな人から集めて、会社を始める方法があります。

4 お金を出した人は、お金を出したしょうことして「株（株式）」をもらいます。

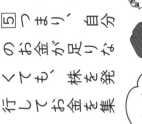

5 つまり、自分のお金が足りなくても、株を発行してお金を集め、会社を始めることができるのです。株と引きかえに集まったお金で始めた会社を、「株式会社」といいます。

（「『株』って、どんなもの？」『なぜ？　どうして？　身近なぎもん　5年生』〈学研プラス〉より）

① 段落2には、どんなことが書かれていますか。記号を○で囲みましょう。（15点）

ア　会社をつくるのに必要なもの。
イ　会社をつくる方法。
ウ　会社をつくるときの問題点。

② 「株（株式）」とは、次の(1)・(2)の人にとってどのようなものですか。（一つ10点(20点)）

(1) 会社を始めようとする人

（　　　　）ために発行するもの。

(2) 会社にお金を出した人

（　　　　）としてもらうもの。

③ 段落5は、この文章の中でどのような役割をしていますか。記号を○で囲みましょう。（15点）

ア　具体例を用いた説明。
イ　文章全体のまとめ。
ウ　新しい話題の提示。

「つまり、……。」の文に注目しよう。

2 次の文章を読んで、問題に答えましょう。【50点】

1 「株式会社」は、株と引きかえに集めたお金を、返さなくてもいいことになっています。いっぽう、株主は、お金が必要になったとき、株をほかの人に売ることでお金にかえることができます。

2 そこで、株の売買がおこなわれます。株の売買は証券取引所というところでおこなわれています。証券取引所は、株の売買の注文を一か所に集めることで、売買の相手を見つけやすくしている場所です。

3 株には、「一株何円」という、ねだんがあります。これからもうかりそうな会社や、経営が安定している会社の株は、買いたい人がたくさんいるため、ねだんが上がります。

4 反対に、もうかっていない会社は、配当金*がはらえないので人気をなくし、株のねだんが下がります。

5 このようにして、株のねだんは毎日上がったり、下がったりします。

※配当金…会社がもうかったとき、株主にしはらわれるお金。

（「『株』って、どんなもの？」『なぜ？どうして？身近なぎもん　5年生』〈学研プラス〉より）

① 株主は株をお金にかえたいとき、どうしますか。（10点）

（　　　　）

② 「証券取引所」とは、どのようなところですか。説明されている部分を三十七字でさがし、初めと終わりの四字を書きましょう。（両方できて15点）

□□□□～□□□□

③ 段落2は、段落1に対してどのような役割をしていますか。記号を○で囲みましょう。（10点）

ア　原因・理由を述べている。

イ　結果として起こることを述べている。

ウ　具体例を挙げて、さらにくわしく述べている。

④ 段落5は、どの段落のまとめの役割をしていますか。そのすべての段落を、番号で答えましょう。（全部できて15点）

（　　　　）

クイズ

2で、株のねだんが上がるのはどんな会社がわかるのは、どの段落？

① 段落2　② 段落3　③ 段落4

答え ▶ 94ページ

段落のつながりをつかもう

目標 10分　月　日　得点　点

1 次の文章を読んで、問題に答えましょう。【50点】

1「なぜ？」と問うことは、若い人の特権ですね。そこそこ年をとってくると、こんなことをきいたら笑われないだろうかなんて、よけいなことに気をつかって、ついカッコつけたりしがちです。

2ところが、最近若い人が「なぜ？」にこだわらなくなってきたといわれます。真実にせまるためには、てっていして「なぜ？」と問いつづけることが必要ですし、それは「ものごとを科学的に考える力」――＊合理的思考力――を育てる原動力です。

3それなのに、若い人が「合理的な考え方」を身につけることをそんなに大事だと思わなくなって、「なぜ」にこだわらなくなったのは、ちょっと気になることです。

＊合理的…正しい理くつや筋道に合っている様子。

（安斎育郎「占いってなんだろう」〈岩崎書店〉より）

① 「なぜ？」と問うことは、どういう人の特権だといっていますか。（10点）

（　　　　　　）

② 筆者は、どんなことが問題だと考えていますか。（10点）

・最近若い人が、（　　　　　　）にこだわらなくなってきたこと。

③ 書く力　「ものごとを科学的に考える力」を育てる原動力は、何だといっていますか。（15点）

（　　　　　　）

④ この文章は、どのような組み立てで書かれていますか。記号を○で囲みましょう。（15点）

ア　1で問題提起をし、2・3でくわしく説明している。

イ　1が導入で、2・3で問題提起をしている。

ウ　1で意見を述べ、2・3で例を挙げている。

2 次の文章を読んで、問題に答えましょう。

【50点】

1今、世の中には「ア合理的でないこと」がいっぱいあります。戦争の問題、うえ死にの問題、みんな不合理だ。ひたいにあせして働いているしょ民が満足に家ひとつ持てないのに、一人ぐらしの老人から財産をだましとって何百億円もかせいでいるサギまがいの悪徳企業もある。これも不合理だ。

2でも、「戦争はもうかりそうだからオレも戦争をやろう」というのは、やっぱり危険だね。不合理には*かん然と立ち向かって、道理が通る世の中にしたいもんだ。

3イそれには、ぼくたち自身が、理くつに合わないことにはノーといい、どうしてそんな不合理なことが起こるのかを「なぜと問うここ ろ」でトコトンまでつきつめ、周りの人を納得させることのできる合理的な方法で、それをこく服することが必要です。

＊かん然…正しいと思うことを思いきって行う様子。

（安斎育郎「占いってなんだろう」〈岩崎書店〉より）

① 「ア合理的でないこと」の例として、悪徳企業の問題のほかに、どんな問題を挙げていますか。順に二つ書きましょう。　一つ10点【20点】

（　　　　　）

（　　　　　）

書く力 ② 「イそれ」は、何を指しますか。「…には、」に続く形で答えましょう。　【15点】

（　　　　　には、）

③ 次の役割をしているのは、どの段落ですか。それぞれ段落の番号で答えましょう。　一つ5点【15点】

(1) 問題に対する考えや意見を述べている。…□

(2) 前の段落を受けて、説明を加えている。…□

(3) 問題を提起して、その事例を挙げている。…□

段落3の初めの「それには」に注意だ。段落2からの説明が続いているよ。

クイズ

1・2で、段落の初めに使われていないつなぎの言葉は、次のどれ？

① でも　② ところが　③ しかし

答え ▶ 94ページ

31 説明文［標準］

情報を読み取って考えよう①

目標 10分　　月　日　得点　　点

1 次の文章と資料を読んで、問題に答えましょう。　一つ10点【50点】

保健委員会では、学校生活の中での「けがをした時間」「けがをした場所」「けがの種類」について調べ、グラフにしました。

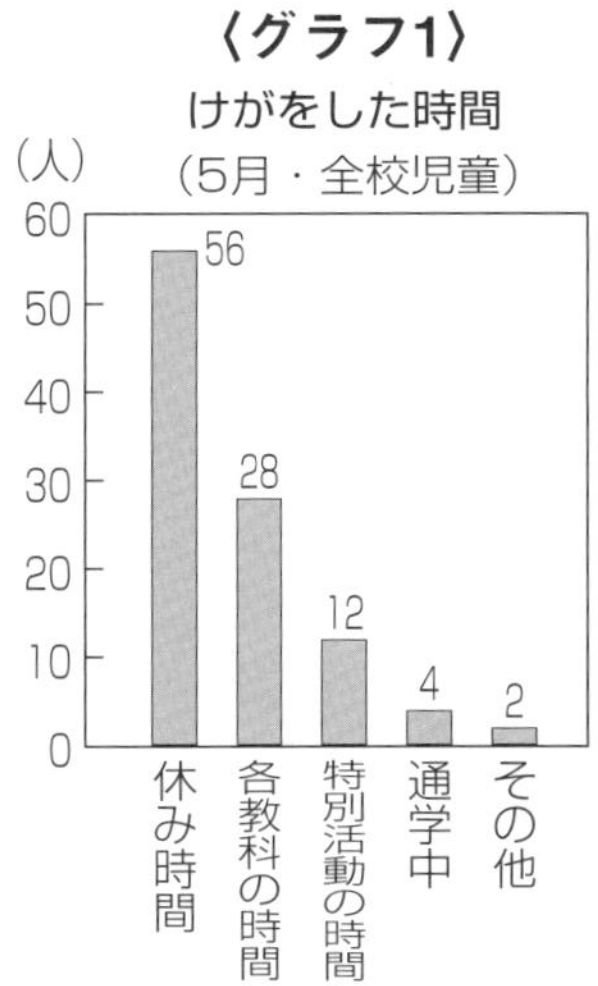

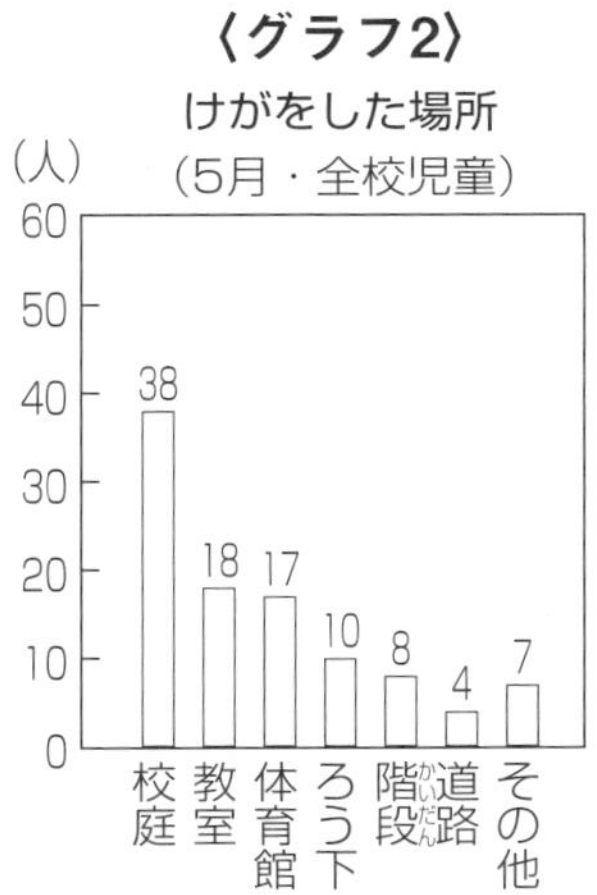

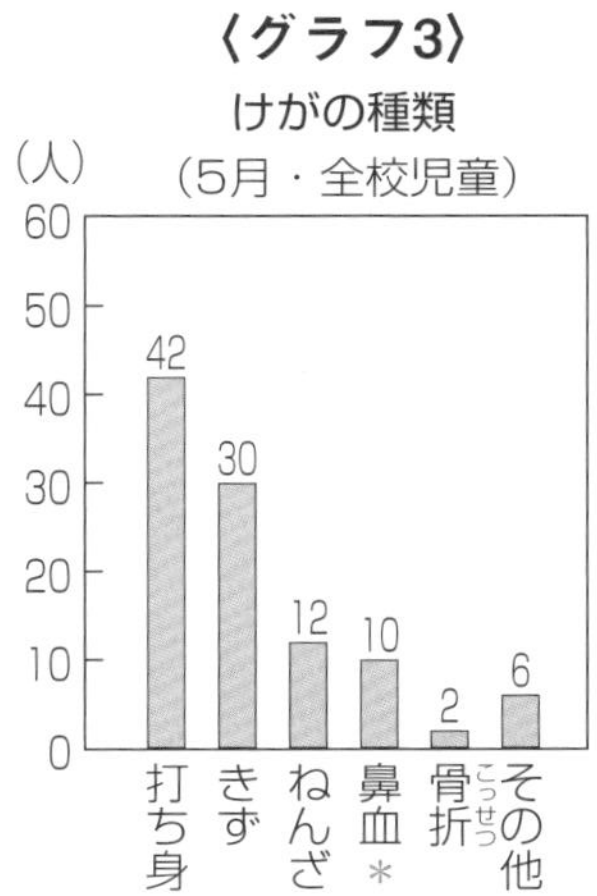

＊「鼻血」は、鼻を打って出た場合です。

① グラフから、次の(1)～(3)の人数が、最も多いものを書きましょう。

(1) いつのけがか。（　　　　）

(2) どこでのけがか。（　　　　）

(3) どんなけがか。（　　　　）

② 〈グラフ1〉・〈グラフ2〉から考えられることをまとめましょう。

・〈グラフ1〉も〈グラフ2〉も、最も多いものが飛びぬけている。このことから、（　　　　）に（　　　　）で遊んでいるときのけがが多いのではないかと考えられる。

①の(1)・(2)がわかれば、答えられるはず。

2 次の文章を読んで、問題に答えましょう。【50点】

学校での「けが」について保健室の先生にインタビューしました。

〈保健室の先生のお話〉

[1]保健室には、毎日何人かやって来ます。年間を通して、保健室を利用する理由でいちばん多いのが「けが」です。

[2]けがをしてしまう前、どんな様子でいたかを聞いてみると、「急いでいた」「遊びに夢中になっていた」という場合が多いようです。また、「かぜをひいていて、ぼうっとしていた」とか「ねむかった」「つかれていた」という答えもよく聞きます。つまり、周りの様子に対する注意が欠けていたり、体の調子がふつうではなかったりした、ということですね。

[3]このことから、まず、時間によゆうをもって行動しましょう。また、周りの様子に十分注意しましょう。そして、体の調子が悪いときは、静かにしていましょう。具合の悪いときは無理をせず、先生に言って保健室で休むようにしましょう。

① [1]はどんな質問への答えですか。 一つ5点(10点)

・保健室には、どれくらいの（　　）が来ますか。また、保健室を（　　）でいちばん多いのは、何ですか。

書く力 ② [2]から、けがの原因は大きく二つに分けられるとわかります。その二つを書きましょう。 一つ10点(20点)

（　　）

（　　）

③ 次のようなけがをふせぐには、どんなことが大切ですか。 一つ10点(20点)

教室へもどろうと急いでいて、他の教室から出て来た人に気づかず、ぶつかってけがをした。

・時間に（　　）行動し、（　　）に十分注意すること。

クイズ

[1]の〈グラフ3〉について、多い順に正しくならんでいるのは、次のどれかな？

① ねんざ→鼻血→骨折　② 打ち身→鼻血→ねんざ　③ きず→骨折→ねんざ

答え ▶ 94ページ

32 説明文［標準］

情報を読み取って考えよう②

目標 10分　月　日　得点　点

1 次の文章と資料を読んで、問題に答えましょう。【50点】

北田さんのクラスで、「給食で出る食材できらいなもの」をたずねてグラフにまとめました。また、グラフを見て、話し合いをしました。

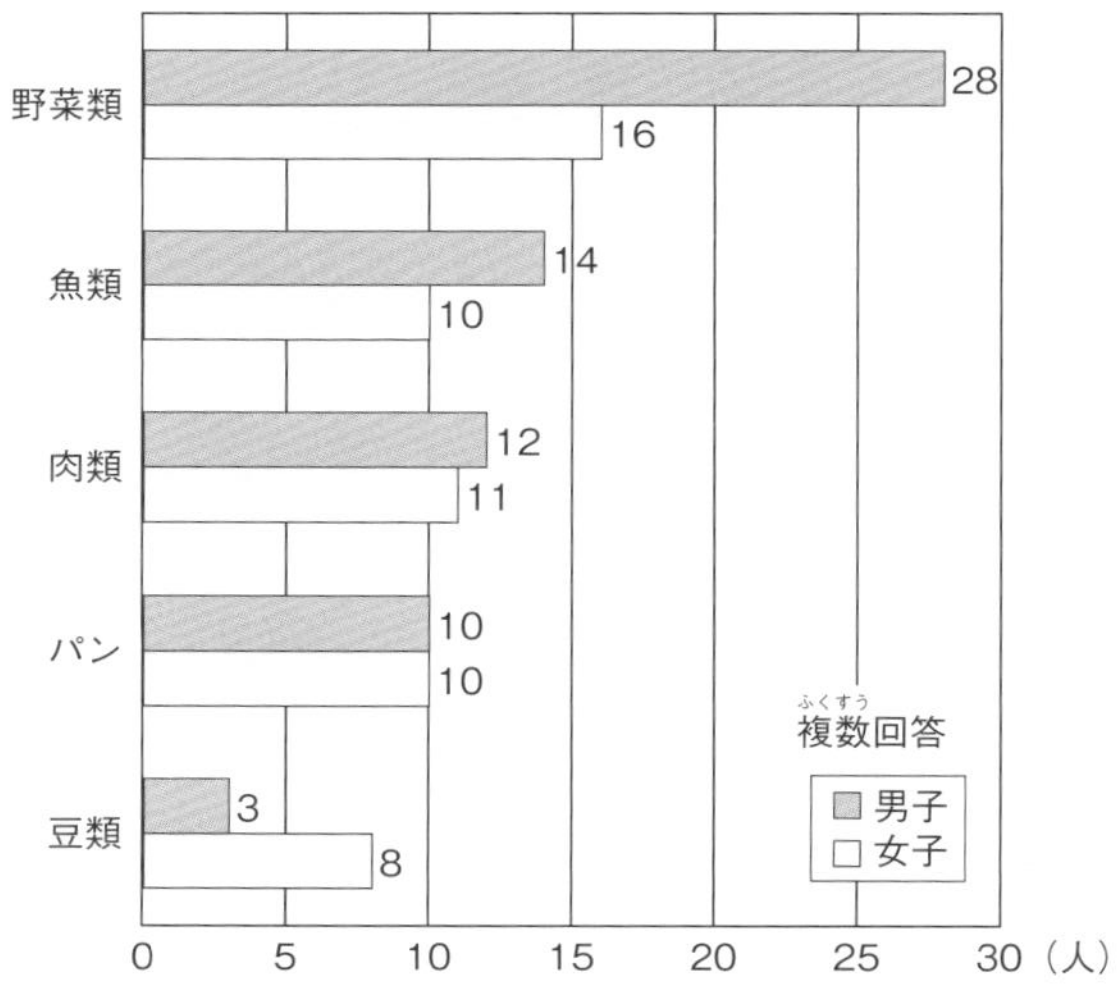

〈話し合い〉

北田　［(1)］がきらいという人が、男女ともトップね。

中原　野菜ぎらいの男女を比べると、［(2)］のほうが多いね。

大山　でも、［(3)］がきらいという人のところを見ると、［(4)］のほうが多いよ。

谷川　男女で差がなかったのは、［(5)］がきらいな人だね。

早坂　きらいなものって多いなあ。

① ［　］(1)～(5)にあてはまる言葉を、グラフに使われている言葉の中からさがして書きましょう。一つ5点(25点)

(1)（　　　）　(2)（　　　）

(3)（　　　）　(4)（　　　）

(5)（　　　）

② 上のグラフから読み取れることを一つ選んで、記号を◯で囲みましょう。(10点)

ア　一人に一つ、きらいなものがある。

イ　野菜類の次にきらいな人が多いのは、肉類である。

ウ　魚類も肉類も、きらいな人は男子のほうが多い。

③ 北田さんは、グラフから次のような感想をもちました。（　）に合う言葉を考えて書きましょう。(15点)

・体の健康のためにも、（　　　　　　）をなくしたほうがよいと思う。

2 次の文章と資料を読んで、問題に答えましょう。 【50点】

北田さんは、給食室をたずねて、栄養士さんに、野菜の食べ残しを少なくするために、どんなくふうをしているかを聞きました。

〈栄養士さんの話〉

○地いきでとれる季節の野菜はおいしいので、それを使ったメニューを考える。

○それぞれの野菜をなるべく小さめに切るようにする。

○にたときに出てくるあく*は、しっかり取りのぞくようにする。

*あく…苦い味や、しぶい味のあるしる。

北田さんは、栄養士さんから聞いた話をもとにして、「給食だより」を作りました。

> **給食だより**
>
> 給食室の栄養士さんに、野菜ぎらいをなくすためのくふうを聞きました。実際に調理をするときのくふうをしょうかいします。
>
> ・［　　　　］。
>
> ・［　　　　］。

書く力 ① 北田さんは、栄養士さんにどんなことを聞きましたか。（20点）

（　　　　）

書く力 ② 「給食だより」の二つの［　］にあてはまる文を、栄養士さんの話をもとにしてまとめましょう。一つ10点（20点）

（　　　　）

（　　　　）

③ 栄養士さんの話の中で、調理以外のくふうは、何ですか。一つ5点（10点）

・地いきの（　　　　）を使った（　　　　）。

クイズ

1のグラフで、男女の差が最も大きいのは「野菜類」。二番目に差が大きいのは？

① 魚類　② 豆類　③ 肉類

答え ▶ 94ページ

33 かくにんテスト④

名前　　目標 15分　　月　日　　得点　　点

1 次の文章を読んで、問題に答えましょう。【50点】

スペースシャトルに乗った日本人宇宙飛行士の毛利衛さんにも、小さな虫歯があり、治りょうしてから、宇宙へと旅立ったそうです。

宇宙に歯医者さんはいないので、打ち上げの前に、はずれそうな歯のつめ物はないか、宇宙でいたみそうな歯はないか、地上で健康しん断を受けて行きます。

宇宙飛行士が歯に気を配るのには、理由があります。

宇宙船の中は地上と同じ約一気圧に保たれています。ところが、船から出て宇宙空間で活動するとき、宇宙服の内部は、空気がうすく、約〇・三気圧しかありません。

虫歯で歯に空どうができていると、その中にたまっていた空気がふくらんで、虫歯を中からおしてしまうので、いたむことがあるのです。

（「虫歯があると宇宙飛行士になれないって本当？」『なぜ？どうして？科学のお話　5年生』〈学研プラス〉より）

書く力 ① 宇宙飛行士は、歯に関して、どんな健康しん断を受けるのですか。二つ書きましょう。　一つ10点(20点)

（　　　　　　　　）

（　　　　　　　　）

② 宇宙空間で活動するとき、宇宙服の中の気圧は、どうなっていますか。(15点)

（　　　　　　　　）

③ 「宇宙飛行士が歯に気を配る」のは、なぜですか。記号を〇で囲みましょう。(15点)

ア　宇宙船では、気圧の関係から悪い歯にいたみが出るから。

イ　宇宙空間では、歯の中の空気がふくらみ、歯がいたむから。

ウ　宇宙では、歯を治りょうしてくれる人がいないから。

2 次の文章を読んで、問題に答えましょう。【50点】

〔宇宙空間では、虫歯の中と外の気圧のちがいから歯がいたくなる。やがて、…〕

虫歯の中の空気も周りと同じになります。□、船外から宇宙船の中にもどってきたとき、今度は、虫歯の中の空気がちぢんで、歯が上からおされるようにいたみ始めることがあるのです。

宇宙での活動は、命にもかかわる大切な作業です。そんなときに、歯がいたんでは大変です。だから、地上でしっかりと治りょうしていくことが必要なのですね。

宇宙船の中にある救急箱には、歯のつめ物を一時的にくっつける薬や、歯をぬく道具まで、念のために用意されているそうです。でも、宇宙に行きたい人は、そんな道具のお世話にならないように、虫歯はしっかりと治りょうしておきましょう。

（「虫歯があると宇宙飛行士になれないって本当？」『なぜ？どうして？ 科学のお話 5年生』〈学研プラス〉より）

書く力 ① 「虫歯の中の空気も周りと同じ」になると、虫歯はどうなりますか。簡単に書きましょう。（10点）

（　　　　　　　　）

② □にあてはまる言葉を一つ選んで、記号を◯で囲みましょう。（10点）

ア　そこで
イ　または
ウ　つまり

③ 船外から宇宙船にもどると、虫歯はどうなりますか。一つ10点（20点）

・中の（　　　　　　）、歯が上からおされるように（　　　　　　）ことがある。

④ 歯を地上で治りょうしていくことが必要なのは、なぜですか。それがわかるひと続きの二文をさがし、初めと終わりの四字を書きましょう。（句読点も一字と数えます。）両方できて（10点）

□□□□〜□□□□

答え ▶ 95ページ

34 詩［基本］
表現を読み味わおう①

目標 10分　月　日　得点　点

1 次の詩を読んで、問題に答えましょう。

花が好きです
冬の花
㋐みんながねむっているときに
さびしく一人で
さいている

樹木が好きです
冬の木々
はっぱが㋑みんな落ちたのに
それでもかまわず
立っている

一つ10点【20点】

① この詩は、どんなリズムを基本として書かれていますか。記号を○で囲みましょう。

ア　七（八）音・五音のくり返し。
イ　五音のくり返し。
ウ　いろいろな音数の組み合わせ。

② ――線㋐・㋑の「みんな」は、それぞれどんな意味ですか。記号を○で囲みましょう。

ア　㋐も㋑も「ほかのひとたち」。
イ　㋐は「ほかの花」、㋑は「全部」。
ウ　㋐も㋑も「全部」。

2 次の詩を読んで、問題に答えましょう。

1 海が好きです
2 冬の海
3 みんなが去ったその後に
4 休むことなく
5 あそんでる

6 だれもがみんな去ったとき
7 わたしも一人でできるかな
8 一人で立って生きるんだ！

一つ10点【30点】

① 作者が好きなのは、いつの海ですか。

［　　］の海

② 「あそんでる」は、海のどんな様子を表したものですか。

（　　）が打ち寄せる様子。

③ 作者が最も伝えたいことは、どの行に書かれていますか。番号で答えましょう。

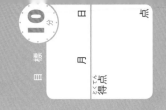

［　　］

3 次の詩を読んで、問題に答えましょう。

がさがさ　がさがさ
かくれんぼ
すずめと　すずめが
かくれんぼ

ごそごそ　ごそごそ
かくれんぼ
ねずみと　ねずみが
かくれんぼ

みんな　かくれんぼしながら
生きている

一つ15点【30点】

① 詩で、いくつかの行のまとまりを「連(れん)」といいますが、この詩は、いくつの連からできていますか。

（　　）連

② この詩に題をつけるとすれば、どんな題名がいいですか。

（　　　　）

各連でくり返されている言葉に注目して考えよう。

4 次の詩を読んで、問題に答えましょう。

さくらの花は主張(しゅちょう)する
「わたしはこんなに美しい」

うめの花は沈黙(ちんもく)する
——それでもわたしはここにいる

近くに寄(よ)って花を見る
一つ一つの花を見る
手にとってふれてみる
顔を近づけにおいをかぐ
そうしたいのは　うめの花

① この詩で使われている表現技法(ひょうげんぎほう)は、何ですか。二つ選んで、記号を〇で囲(かこ)みましょう。　一つ5点(10点)【20点】

ア　とう置法(ちほう)（語順を逆(ぎゃく)にする）
イ　ぎ人法(じんほう)（人間でないものを、人間のように表現する）
ウ　比(ひ)ゆ法(ほう)（たとえの表現）
エ　体言止(たいげんど)め（行の最後を、ものの名前を表す言葉で止める）

② 作者は、どちらの花が好きなのですか。(10点)

（　　　）の花

答え ▶ 95ページ

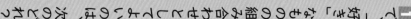

クイズ
1 で、「好き」なものの組み合わせとしてよいのは、次のどれ？
① 花と木　② 花と海　③ 木と海

35 詩［標準］
表現を読み味わおう②

目標 10分　　月　日　得点　　点

1 次の詩を読んで、問題に答えましょう。【50点】

あいたくて

工藤 直子

だれかに　あいたくて
なにかに　あいたくて
生まれてきた――
そんな気がするのだけれど

それが　だれなのか　なになのか
あえるのは　いつなのか――
おつかいの　とちゅうで
迷ってしまった子どもみたい
とほうに　くれている

それでも　手のなかに
みえないことづけを
にぎりしめているような気がするから
それを手わたさなくちゃ
だから

あいたくて

（工藤直子「小さい詩集　あいたくて」〈大日本図書〉より）

① この詩は、いくつの連からできていますか。（10点）

［　　］連

② 第二連から、たとえの表現をさがして、書き出しましょう。（15点）

［　　　　］

自分（作者）の気持ちを「……みたい」とたとえているよね。

③ 「それを手わたさなくちゃ」とありますが、それはなぜですか。理由にあたる部分の、初めと終わりの三字を書きましょう。両方できて（15点）

［　　　］～［　　　］

④ ――線部分の「それ」は、何を指しますか。八字で書きましょう。（10点）

［　　　　　　　　］

2 次の詩を読んで、問題に答えましょう。

【50点】

かきの実

与田準一

つゆが　しもに変わり、
しもは朝ごとに白くなる。

村のかきの実は、㋐赤くうれ、
赤く、赤くうれ、
低いえだから、だんだん、減っていく。

空は一日、青くすみ、
青く、青くすみ、
からすの群が、
ゴマをまいたように飛ぶ。

そんな日が続き、
同じような日が続き、
㋑こずえに残されたかきの実、一つ。

実は赤く光り、
赤く、赤く光り、
冬がきた信号燈のように、
村でいちばん早く朝日をあびる。

（与田準一「与田準一全集 第二巻」〈大日本図書〉より）

① 初めの二行は、どんな情景をえがいていますか。記号を○で囲みましょう。（10点）

ア　秋がやってきた情景。
イ　秋から冬へと移り変わる情景。
ウ　本格的な冬の情景。

② ――線㋐と同じようなくり返しの表現を、二つ書きましょう。（一つ10点〔20点〕）

[　　　　　　]
[　　　　　　]

③ ㋑「……かきの実、一つ。」の様子を、どのようにえがいていますか。（一つ5点〔20点〕）

（　　　）ことを知らせる（　　　）。
（　　　）のように、（　　　）
をあびて（　　　）光っている。

クイズ
2で、遠景（遠くの景色）がえがかれているのは、第何連かな？
① 第一連　② 第二連　③ 第三連

答え ▶ 95ページ

36 詩［基本］文語表現に親しもう

目標 10分　　月　日　得点　　点

1 次の詩を読んで、問題に答えましょう。

馬

山村　暮鳥

だあれも㋐ゐない
馬が
水の㋑にほひを
かいでゐる

一つ10点【20点】

◎ 「㋐ゐない」「㋑にほひ」は、「歴史的仮名づかい」で書かれています。これを、現代の仮名づかいに直しましょう。

㋐（　　　）

㋑（　　　）

2 次の詩を読んで、問題に答えましょう。

※おぼろ月夜

高野　辰之

菜の花畑に
入り日うすれ
みわたす山＊のは
かすみ深し
春風そよふく
空を見れば
夕月かかりて
にほひあ＊は(わ)し

※ここでは、第一連だけを示しています。
＊山のは…山の、空に接する境目のところ。
＊あはし…あわい。かすかである。

【30点】

① この詩は、どんなリズムで書かれていますか。記号を○で囲みましょう。（10点）

ア　いろいろな音数の組み合わせ。
イ　七音・五音のくり返し。
ウ　八音・六音のくり返し。

② (1)どの季節の、(2)どんな時間帯をうたっていますか。一つ5点（10点）

・(1)（　　　）の(2)（　　　）。

③ 「かすみ深し」に、リズムや音を合わせている一行を書きましょう。（10点）

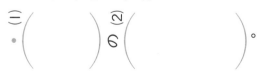

（　　　）

3 次の詩を読んで、問題に答えましょう。

雲のゆくへ

島崎　藤村

庭にたちいでたゞひとり
＊秋海棠の花を分け
空ながむれば行く雲の
さらに秘密をひらくかな

＊秋海棠…秋に、うすい紅色の花がさく植物。観賞用に育てられる。

◎ この詩の各行は、何音と何音の組み合わせでできていますか。 両方できて【15点】

（　　　）音と（　　　）音。

4 次の詩を読んで、問題に答えましょう。 【35点】

かにの歌

島崎　藤村

波うち寄するいそぎはの
一つの穴にかに二つ
鳥は鳥とし並び飛び
かにはかにとし棲めるかな

日ごとの宿のいとなみは
かはく間もなき砂の上
しほ引くごとにあらはれて
しほ満つごとにかくれけり

やがて天雲おどろきて
落ちて風雨となりぬれば
流るゝ砂ともろともに
二つのかにのゆくへ知らずも

① この詩は、どんな種類の詩ですか。記号を○で囲みましょう。（10点）

ア 文語自由詩（昔の書き言葉で書かれ、リズムが自由な詩）

イ 口語定型詩（現代の話し言葉で書かれ、リズムが一定の詩）

ウ 文語定型詩（昔の書き言葉で書かれ、リズムが一定の詩）

② 作者は、何を見て、この詩を書いたのですか。それがわかる一行を書きましょう。（15点）

（　　　）

③ 「なりぬれば」は、どういう意味ですか。記号を○で囲みましょう。（10点）

ア なったので　イ ならないで

クイズ

一定のリズムがない詩は、次のどれかな？

① おぼろ月夜　② 馬　③ 雲のゆくへ

答え ▶ 95ページ

名前

目標 15分

月　日

得点（とくてん）　点

1 次の詩を読んで、問題に答えましょう。【50点】

ぼくが　ここに

まど・みちお

ぼくが　ここに　いるとき
ほかの　どんなものも
ぼくに　かさなって
ここに　いることは　できない

もしも　ゾウが　ここに　いるならば
そのゾウだけ
マメが　いるならば
その一つぶの　マメだけ
しか　ここに　いることは　できない

ああ　このちきゅうの　うえでは
こんなに　だいじに
まもられているのだ
どんなものが　どんなところに
いるときにも

その「いること」こそが
なににも　まして
すばらしいこと　として

（まど・みちお「ぼくが　ここに」〈童話屋〉より）

① 13行目の「どんなもの」の例を、詩から三つ書きましょう。 全部できて(10点)

（　　　　）（　　　　）（　　　　）

② ①のものが「ここに　いるとき」、どうなると言っていますか。 (10点)

・そのものしか

（　　　　　　　　）

③ 14行目「いるときにも」は、どの行にかかりますか。(10点)

□行目

④ ③のような表現技法（ひょうげんぎほう）を何といいますか。記号を○で囲（かこ）みましょう。 (10点)

ア　たとえ　　イ　くり返し

ウ　とう置法（ちほう）（語順を逆（ぎゃく）にする）

⑤ この詩で、作者が伝えたいのは、どんなことですか。記号を○で囲みましょう。 (10点)

ア　この世にいるものは、すべてがちがっていて、個性的（こせいてき）である。

イ　この世にいるものは、いることに意味があり、大切である。

ウ　この世にいるのは大変である。

2 次の詩を読んで、問題に答えましょう。

【50点】

われは草なり

高見順（たかみじゅん）

第一連

われは草なり
ア伸びんとす
伸びられるとき
伸びんとす
伸びられぬ日は
伸びぬなり
伸びられる日は
伸びるなり

第二連

われは草なり
緑なり
全身すべて
緑なり
毎年かはらず（わ）
緑なり
緑の己れ（おの）に
あきぬなり

第三連

われは草なり
緑なり
緑の深きを
願ふ（う）なり

第四連

あゝ（あ） 生きる日の
美しき
あゝ（あ） 生きる日の
楽しさよ
われは草なり
イ生きんとす
草のいのちを
生きんとす

（高見順「高見順全集　第二十巻」〈勁草書房〉より）

① この詩は、どんな形式の詩ですか。記号を○で囲（かこ）みましょう。（10点）

ア 口語（こうご）自由詩　イ 口語定型（ていけい）詩
ウ 文語（ぶんご）自由詩　エ 文語定型詩

② ア「伸びんとす」は、どういう意味ですか。記号を○で囲みましょう。（8点）

ア 伸びないようにする
イ 伸びようとする
ウ 伸びてしまう

③ 第二・三連について、次の□にあてはまる言葉を、詩の中からさがして書きましょう。（一つ6点〔12点〕）

・くり返し出てくる□という言葉は、ありのままのすがたや□を表すと思われる。

④ ——線イから感じられることを一つ選び、記号を○で囲みましょう。（10点）

ア 草であることの悲しみ。
イ 草として生きることのあきらめ。
ウ 草として生きようとする決意。

⑤ 作者の気持ちが最も強く表れているのは、どの連ですか。（10点）

第□連

答え ▶ 95ページ

38 まとめテスト①

名前

目標 15分

月　日

得点（とくてん）　点

1 次の文章を読んで、問題に答えましょう。【50点】

〔子どもたちは、「マチンバ」とよんでいるおばあさんの家のよびりんを押（お）して逃（に）げる、といういたずらをしていた。〕

子どもたちはあわてて逃げ、ミオとヒナコはまたとり残された。

でも、顔を出したのはマチンバではなかった。㋐見なれないおばあさんで、ミオたちにむかって㋑手まねきをした。わらった口からはとがった糸きり歯がのぞいている。ミオはあやつられるように、おばあさんのもとにいき、ヒナコもあとにしたがった。

「おばあちゃんからきいてたのよ。子どもたちが遊びにきてくれるって。」

おばあさんは少しだけマチンバに似（に）ていたから、㋒少しだけの魔法（まほう）なら使えるのかもしれない。たとえば子どもをよびよせる力をふたり分くらいなら。

「でも、よびりんを押すだけで、はずかしがってかくれちゃうんだってね。」

（安東みきえ「マチンバ」『天のシーソー』〈理論社〉より）

① ㋐「見なれないおばあさん」は、どんな人でしたか。（10点）

・顔が、少しだけ（　　　　）に似ている人。

② ㋑「手まねきをした」は、どんな様子ですか。記号を◯で囲（かこ）みましょう。（10点）

ア　ミオたちをあやつる様子。

イ　ミオたちをよびよせる様子。

ウ　ミオたちをかわいがる様子。

③ ミオが㋒「少しだけの魔法なら使えるのかもしれない」と思ったのは、自分たちのどんな様子からですか。一文でさがし、初めの五字を書きましょう。（15点）

④ 書く力　マチンバは、子どもたちのよびりんを押すという行動を、どう思っていたのですか。（15点）

2 次の文章を読んで、問題に答えましょう。

一つ10点【50点】

ドアを大きくあけて、おばさんがからだをずらすと、㋐古いげた箱の上にチョコレートの化粧缶（けしょうかん）がのせられているのが見えた。

「すぐにわたせるように、用意してたみたい。おかしをさがしに奥（おく）にいってたら、いなくなっちゃったことがあったからって。」

よかったらどうぞ、とおばさんは缶をさし出した。

ふたりは㋑おずおずとチョコをとり、口にいれた。チョコにはドロリとしたお酒が入っていて、にがかった。

ミオはおばさんを見あげた。

「おばあさん＊、げんきなんですか。」

おばさんは二枚（にまい）のふくろにチョコレートをとり、ふたりに手わたした。

「ええ、げんきになるといいわね。」

ふたりは頭を下げてその家を出た。

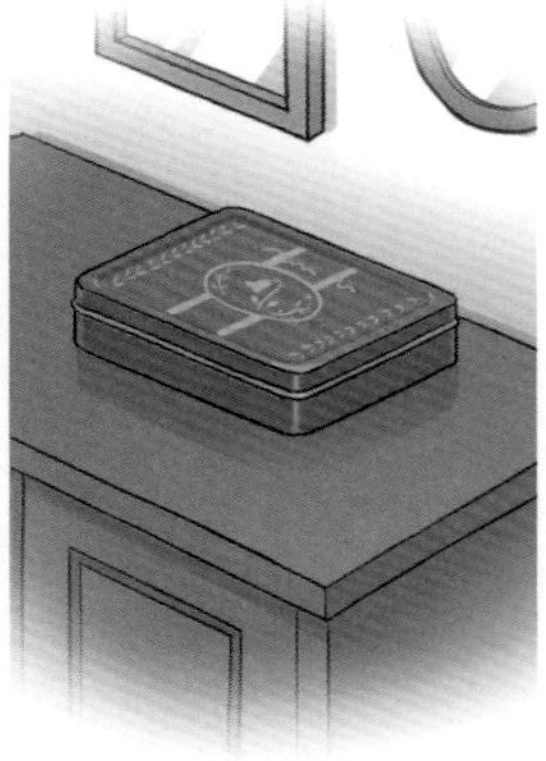

＊おばあさん…「マチンバ」のこと。

（安東みきえ「マチンバ」『天のシーソー』〈理論社〉より）

① ㋐「古いげた箱の上にチョコレートの化粧缶」がのせられていたのは、なぜですか。五字と七字で書きましょう。

・［　　　　　］が、子どもたちにチョコレートを［　　　　　　　］ように。

② ㋑「おずおずと」は、ミオたちのどんな様子を表していますか。記号を○で囲（かこ）みましょう。

ア　うれしそうな様子。
イ　ためらっている様子。
ウ　こわがっている様子。

③ おばあさんは、今、どんな様子でいるのですか。また、それがわかる言葉を書きましょう。

書く力 (1) どんな様子でいるか。

［　　　　　　］

(2) どの言葉からわかるか。

［　　　　　　］

答え ▶ 96ページ

39 まとめテスト②

名前

目標 15分

月　日

得点　　点

1 次の文章を読んで、問題に答えましょう。【50点】

魚をあぶると、魚からあぶらがとけ出てきます。(ア)それをよく見ると少しにごっていて、冷蔵庫へ入れるとブヨンブヨンとした状態に少し固まってきます。にごった部分と固まった部分はゼラチンやコラーゲンといって、煮こごりになるタンパク質です。(イ)それをとりのぞくと、残りは(ウ)魚油なのですが、それを冷蔵庫へ入れてごらんなさい。こんどは固まりません。魚油は固まらないのです。なぜでしょう。それは、みなさんの家にあるゴマ油、なたね油、大豆油が固まらないのと同じなのです。（略）

そういう健康的なものを日本人は食べてきたのです。そして最近、魚のあぶらにはエイコサペンタエン酸やドコサヘキサエン酸といった老化を制御しながら脳の活性化をよくするものがあることが、さまざまな生理学的研究で証明されてきました。

〈小泉武夫「いのちをはぐくむ農と食」〈岩波書店〉より〉

書く力 ① (ア)「それ」は、何を指していますか。簡単に書きましょう。（10点）

（　　　　）

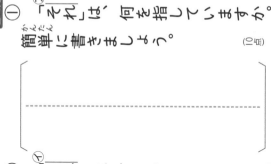

② (イ)「それ」は、何を指していますか。五字で書きましょう。（5点）

□□□□□

③ (ウ)「魚油」と同じで、固まらない性質の油を三つ書きましょう。一つ5点（15点）

（　　）（　　）（　　）

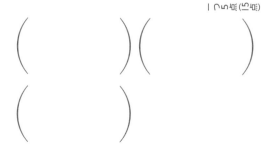

④ 筆者は、魚は食品としてどんなものだといっていますか。六字で書きましょう。（10点）

□□□□□□

⑤ 魚のあぶらには、どんなものがふくまれていますか。一つ5点（10点）

（　　）を制御し、（　　）を活性化させるもの。

2 つぎの文章を読んで、問題に答えましょう。

一つ10点【50点】

たとえばぶた肉や牛肉のあぶら身のところばかりを食べていると「中性しぼうが増えるぞ！」「コレステロールが増えるぞ！」とまわりから注意されます。［　　］あぶらののった魚をたくさん食べても、㋐だれも注意しません。なぜかというと、魚のあぶらは血管を強くし、老はい物を出し、老化を制御し、頭のはたらきを活発にするといった、健康的効能が多いからです。

それから、大豆を食べましょう。大豆にはタンパク質がどのくらい入っているのでしょうか。じつは大豆のタンパク質は、平均してなんと三二%もあります。牛肉のタンパク質は約一八%ですから、大豆はたいしたものです。ただ、牛肉には水分があり、大豆はかんそうしているので、その大豆に水を加えて牛肉と同じくらいの水分にすると、ほぼ大豆と牛肉はタンパク質の量が同じになります。だから大豆のことを昔から㋑「畑の牛肉」とか「畑の肉」というのです。

（小泉武夫「いのちをはぐくむ農と食」〈岩波書店〉より）

① ［　　］にあてはまる言葉を選んで、記号を◯で囲みましょう。

ア だから　　イ そのうえ

ウ ところが

② ㋐「だれも注意しません」とありますが、それはなぜですか。五字で書きましょう。

・魚のあぶらには、［　　　　　］が多いから。

③ 大豆が㋑「『畑の牛肉』とか『畑の肉』」といわれるのは、なぜですか。

・大豆と牛肉の水分を同じくらいにすると、（　　　　）がほぼ同じになるから。

④ この文章を前半と後半に分けるとすると、それぞれどんなことについて書かれていますか。

・前半…（　　　　）を食べることのよい点について。

・後半…（　　　　）の量の多さについて。

答え ▶ 96ページ

40 まとめテスト③

名前

目標 15分　　月　日　得点　点

1 次の文章を読んで、問題に答えましょう。【50点】

　あまりにも当たり前なことかもしれないが、考えることは、言葉で行う行為だ。一人で考え事をしているときも、言葉で基本的には考えている。言葉の種類が少なければ、自然と思考は粗雑にならざるを得ない。考えるということを支えているのは、言葉の豊富さである。

　話し言葉の種類は限られている。日常を過ごすだけならそれほど難しい言葉は必要ない。しかし、その日常の話し言葉だけで思考しようとすれば、どうしても思考自体が単純になってしまう。表現する言葉が単純であれば、思考の内容も単純になっていってしまう。逆にいろいろな言葉を知っていることによって、感情や思考自体が複雑で緻密なものになっていく。これが書き言葉の効用である。書き言葉には、話し言葉にはないヴァ※リエーションがある。

※ヴァリエーション…変化。変化したもの。

（齋藤孝「読書力」〈岩波書店〉より）

① 「考える」ということの支えとなっているのは、何ですか。（15点）

（　　　　）

② 次のうち、(1)話し言葉、(2)書き言葉の説明に合うものを一つずつ選んで、記号で答えましょう。（一つ10点 20点）

ア　その言葉だけで思考すると、内容が単純になってしまう。

イ　言葉の種類は限られるが、表現の内容は単純にはならない。

ウ　言葉自体は複雑だが、日常を過ごすには必要なものだ。

エ　いろいろな言葉を知ると、感情や思考が複雑で緻密になる。

(1) □　(2) □

③ 筆者がこの文章で言いたかったのは、どういうことですか。七字で書きましょう。（15点）

・「考える」ときの □□□□□□□ 。

2 次の文章を読んで、問題に答えましょう。

一つ10点【50点】

1本に出てくる様々な人々は、＊キャラクターがはっきりしている。極端とも思えるほど、自分のスタイルを持っている。日常接する人間は、これに比べれば普通に見えてくる。それほど、とくに小説や伝記に描かれる人物群は強烈だ。

2読書はコミュニケーション力を育てる。（略）人間の極端なスタイルをあれこれと読書を通して知っておくことは、コミュニケーションの幅を広げてくれる。日常ではどうしても㋐自分と同レベルや同種類の人間とつき合いがちだ。その方が負担が少ないからだ。しかし、人生の＊醍醐味は、㋑自分と異なる者とのつき合いからも豊かに生まれる。現実の人間とのつき合いの世界だけでは味わうことのできない、強烈な人間とのつき合いが本の世界ではできる。

＊キャラクター…性格。人格。持ち味。
＊醍醐味…本当のおもしろさ・すばらしさ。

（齋藤孝「読書力」〈岩波書店〉より）

① 段落1には、どんなことが書かれていますか。まとめた次の文の（　）に合う言葉を書きましょう。

• 本に出てくる人びとは、キャラクターが（　　　　）、とくに小説や伝記に出てくる人物群は（　　　　）ということ。

書く力 ② ㋐「自分と同レベルや同種類の人間とつき合いがち」なのは、なぜですか。

［　　　　　　　　　　］

③ ㋑「自分と異なる者とのつき合い」とは、ここではどういうことですか。記号を○で囲みましょう。

ア　レベルが下の人物を知ること。
イ　本に出てくる人物を知ること。
ウ　極端な人物に会うこと。

④ 段落1は、段落2に対してどんな役割をしていますか。記号を○で囲みましょう。

ア　疑問を投げかけている。
イ　似た事例をならべている。
ウ　導入となる内容を述べている。

答え ▶ 96ページ

41 まとめテスト④

名前

目標 15分

月　日

得点(とくてん)　点

1 次の詩を読んで、問題に答えましょう。　一つ10点【50点】

水のこころ

高田(たかだ)　敏子(としこ)

水は　つかめません
水は　すくうのです
指をぴったりつけて
そおっと　大切に――

水は　つかめません
水は　つつむのです
二つの手の中に
そおっと　㋐大切に――

㋑水のこころ　も
人のこころ　も

〈高田敏子「高田敏子　暮らしの中の詩」〈河出書房新社〉より〉

① 「水は　つかめません」がくり返されています。ほかに、くり返されている行を書きましょう。

(　　　　)

② 「㋐大切に」の後に省略(しょうりゃく)されている言葉を書きましょう。

(　　　　)

書く力 ③ 作者は、「㋑人のこころ　も」どうするのだと言いたいのですか。詩の言葉を使って、二つ書きましょう。

(　　　　)

(　　　　)

④ この詩で、作者が伝えたいことは、どんなことですか。記号を○で囲(かこ)みましょう。

ア　水は大切にあつかうべきだ。

イ　水をあつかうように、人の心にもやさしく接(せっ)しよう。

ウ　水はすくうものだが、人の心はつつむものである。

2 次の詩を読んで、問題に答えましょう。【50点】

はたはたのうた

室生犀星

はたはたといふさかな、
うすべにいろのはたはた、
はたはたがとれる日は
はたはた雲といふ雲が㋐あらはれる、
はたはたやいてたべるのは
北国のこどものごちそうなり。
はたはたみれば
母を㋑おもふも
冬のならひなり。

（「日本児童文学大系　第九巻」〈ほるぷ出版〉より）

① くり返し使われている言葉を書きましょう。（8点）

（　　　　）

② この詩では、どんな表現技法が使われていますか。記号を○で囲みましょう。（8点）

ア　たとえ　　イ　とう置法
ウ　体言止め

③ ㋐「あらはれる」、㋑「おもふ」を、現代の仮名づかいに直しましょう。一つ8点（16点）

㋐（　　　　）
㋑（　　　　）

④ 「ごちそうなり」を、現代の言葉（口語）に直して書きましょう。（10点）

（　　　　）

⑤ この詩には、作者のどんな気持ちがうたわれていますか。記号を○で囲みましょう。（8点）

ア　はたはたを、すぐにでもやいて食べたいという気持ち。
イ　北国の素ぼくな生活への感動。
ウ　子どものころや母をなつかしむ気持ち。

答え ▶ 96ページ

答えとアドバイス

▼まちがえた問題は、もう一度やり直しましょう。
▼アドバイスを読んで、参考にしてください。

1 人物と行動をおさえよう 5～6ページ

1 ①まほう使いの国　②ハル
2 ①父親（父さん・父）　②国王（王）
③すべてのまほう
3 ①リョウ　②**イ**
4 ①リョウ　②玉・とうの上

クイズ ③

アドバイス

3 ②「ゆれがおさまったとき、……悲鳴を上げた。」とあるので、**ア**はまちがいです。

4 ②初めの一文に、「人間のはしご」を作る目的が書かれています。

2 できごとを正しくおさえよう 7～8ページ

1 ①神社のけいだい　②冬
2 ①ねこ　②小石　③枝から飛び立った。
3 ①三センチメートル（くらいの大きさ）
②ジャングル
4 ①三倍・（きょ大・大きな）かまきり
②あわ・（たまご）を産み落として

クイズ ①

アドバイス

1 ②「今は葉をすべて落として」や「雪がまう中」から、冬であることがわかります。

4 ②最後の文から、かまきりがたまごを産み落とす様子がわかります。

3 話の流れをつかもう① 9～10ページ

1 ①マチンバ・なぎたおして
②例にげた（逃げた）　③ミオ
④**イ**
2 ①ヒナコ　②**イ**
③例じっとこちらをながめていた。
④つかまりに　⑤**イ**

クイズ ②

アドバイス

1 ②「とってかえす」は、「急いで引きかえす」の意味です。後の一文に「だいちゃんは逃（に）げ、……」とあります。

④ミオは、「こっち（鉢（はち）を割（わ）ってしまったこと）はゆるしてもらえない」と思い、逃げないでいます。逃げないでどうするつもりなのかを考えましょう。

2 ④逃げればそれですむのに、逃げないでこわい目にあおうとしている自分たちのことを「バカ姉妹（しまい）」と言っています。

⑤直前の「悪魔（あくま）も見てるって」に反応（はんのう）した様子です。

4 話の流れをつかもう② 11～12ページ

1 ①(1)うす暗かった。　(2)クモの巣がはっていた。
(3)墓地のようなしめったにおい
②例ナイフをさがしていると思った。　③**イ**
2 ①**ア**　②いちもくさんに
③例かみさまやまじょから、バチをあてられる。
④**イ**　⑤**ウ**

クイズ ③

アドバイス

1 ③ミオのきんちょうが高まっている様子です。ミオは、マチンバが何をすると思っているでしょうか。前の部分からとらえ、ミオの気持ちを考えましょう。

2 ④ヒナコが「あやまりもしない人」に向けた目つきです。

⑤だいちゃんがかくれていたことと、ヒナコににらみつけられて「だいちゃんは下を向き、吉井（よしい）くんと涼子（りょうこ）は目をそらせた」という様子から考えましょう。

5 情景を表す表現に注目しよう 13～14ページ

1 ①おそなえのもち
②（組んだ）手・あお向けに

2 ①やさしい（やさしく） ②イ

3 ①紅葉した
②（だいぶ）かたむいて

4 ①しゃ面をかけ下りながら
②ウ ③赤

クイズ ①

アドバイス

1 ①「まるで～みたいだ」というたとえの表現から、雲の様子がよくわかりますね。

3・**4** 紅葉や夕空の赤などの色を表す言葉も、情景を読み取るときに大切です。

6 場面や人物の様子を読み取ろう① 15～16ページ

1 ①(1)（すっかり）イギリスの兵隊
(2)（ぴかぴかする）鉄ぽう
②だいぶ山おく ③ア
④案内してきた

2 ①大よろこび
②ふとっていること・若いこと〈順不同〉
③イ
④なかなかはやってるんだ。

クイズ ③

アドバイス

1 ④最後の一文に注目。山に慣れている専門の鉄ぽう打ちといっしょに山へ入ったことがわかります。

2 ④二人は、「注文」を「客が店にする注文」ととらえて、「注文の多い」というのは客が多いということだと考え、「なかなかはやってる」と言っています。

7 場面や人物の様子を読み取ろう② 17～18ページ

1 ①クリーム ②西洋料理店
③例 がたがたふるえだして、ものがいえなくなっている様子。
④ウ

2 ①白くま・犬
②例 すいこまれるように飛んで行った。
③エ
④けむりのように消えた。

クイズ ②

アドバイス

1 ③・④――線㋑の前の「きた人を……」に注目。自分たちが食べられてしまうと気づいた、二人の様子を読み取ります。

2 ③「にゃあお……」という声にふさわしいのは、エです。

8 かくにんテスト① 19～20ページ

1 ①例 こうふんしたから。
②ア
③えーい、くそっ。
④片耳の大シカ（一頭の大シカ）
⑤例 いつも、自分たちのうらをかいては、シカのむれをひきつれて、うまくにげてしまうシカ。

2 ①（あるいは、）ぼくたちは、ここで死ななければならないのかもしれません。
②ぎくっとした様子。
③例（一メートルとはなれぬ）ほらあなの中。
④イ
⑤ふしぎにしずまりかえっている

アドバイス

1 ②「くちびるをかみしめました」は、えものが現れるのを待ち構えている様子です。
③おじさんがさけんだ言葉に注目して、気持ちが表れた一文をとらえましょう。
⑤最後のおじさんの言葉から読み取ることができます。

2 ①死ぬかと思うほど寒かったのです。
④シカもサルも、たがいを温めるように、身を寄せ合っていたのです。
⑤「ぼくたち三人が、ほらあなの中にころげこんで」いったときの様子です。

9 話題をおさえよう　21〜22ページ

1 ①イソギンチャク
②（無数の）毒ばり

2 ①タツノオトシゴ・子どもの産み方
②オス

3 ①こきゅう（「」付きでも正答）　②**イ**

4 ①カニの自切
②体の一部・切りすてる（切りはなす）
③生きのびる

クイズ　③

アドバイス

4 ①初めの一文に注目。「カニの本当の得意わざ」として「自切」を挙げ、説明しているので、これが話題です。

10 文のつながりをつかもう　23〜24ページ

1 ①すべるように　②うかんで

2 ①毛と毛の間　②空気・油

3 ①オスとメス・出会い　②**ウ**

4 ①光を点めつ　②メス・オス
③強い光・弱い光〈順不同〉

クイズ　①

アドバイス

1 「そのように」「それ」などの言葉が指す内容は、ふつう、前の部分に書かれています。

3 ②文をつなぐ言葉（接続語）は、前後の関係を考えます。

4 ②オスが気がついた光のことです。

11 内容を正しく読み取ろう①　25〜26ページ

1 ①食文化　②「和食」に代表されるもの
③低タンパク質・低しぼう・低カロリー〈順不同〉
④**イ**

2 ①肉と油の消費量
②(1)三分の一
(2)さまざまの生体反応をになっている。
③例（ミネラルが不足すると、）体や心にいろいろな障害がおこること。

クイズ　②

アドバイス

1 ①直後の一文の「すべての民族にそれがあって」の「それ」は、「民族食」を指しています。そのことから「民族食」とは「食文化」として伝承されてきたものだとわかります。

④文章の終わりの部分に注目しましょう。「まったく逆の食事をとるようになった」とあります。

2 ②(1)「せっ取量」とは「体の中に取り入れる量」のことです。(2)ミネラルの働きについては、後の段落に書かれています。

③ミネラルが減少することによっておこる問題点をとらえます。

12 内容を正しく読み取ろう②　27〜28ページ

1 ①魚　②**ウ**
③寒天
④土のミネラル・海のミネラル〈順不同〉

2 ①**イ・ウ・オ・ク・コ**
②例 昔はミネラルのかたまりであるたい肥を使った農業だったから。
③根・根・ミネラル

クイズ　③

アドバイス

1 ②コンブやワカメなどと比べものにならないものをとらえます。「とにかくのり、のり、のりでした」とあり、のりを多く食べていたことがわかります。

④「つまり」以下で、二つの分類について書かれています。

2 ①直前に「土から」とあるので、土のミネラルを選びます。

②そのまま書き出す形で、文末を「〜ので。」としてもよいでしょう。他に「〜ため。」など、理由を示す文末になっていれば正解とします。

③植物が土からどのようにしてミネラルをすうのかをとらえましょう。

13 事例をおさえよう① 29～30ページ

1 ①海の上・氷
②二月から三月ごろ（にかけて）。

2 ①マイナス一・七度
②氷しょう(「」付きでも正答)・氷の結しょう
③板のような氷。

3 ◎増え始める・小さなエビの仲間・魚(など)

4 ①三月ごろ
②(1)四十～五十センチメートル
(2)一メートルくらい

クイズ ③

アドバイス
3 ◎第二段落の内容を、順に読み取ります。
4 ②流氷がとけ始める直前の厚さです。くわしい数値を読み取りましょう。

14 事例をおさえよう② 31～32ページ

1 ①江戸・字や絵が印刷された紙
②イ　③地しんや火事
④読み売り（「」付きでも正答）
⑤新聞の始まり

2 ①屋根に使うかわらに、文字をほって印刷したことから(、)
②木版画のようなもの
③(1)新聞（「」付きでも正答）　(2)日刊新聞
④例 外国から輸入された紙に印刷されていたこと。

クイズ ①

アドバイス
1 ②・③かわら版がどのようなものか、かわら版に書かれている具体的な内容を、第二段落と第三段落から読み取りましょう。
2 ①「～から」という理由を述べる言い方に注目します。
③かわら版から日刊新聞までの移り変わりをおさえましょう。
④それまでは「和紙に印刷されていた」のが、どう変わったのでしょう。

15 事例をおさえよう③ 33～34ページ

1 ①・横浜港への船の出入り・輸出・輸入されたものの記録〈順不同〉
②(1)例(大きな紙に)漢字ばかりのむずかしい文章
(2)一ぱんの人びと
③例 世の中に起こったいろいろな事件やそれに対する感想など。

2 ①関心をよせる内容
②(1)例 さまざまなニュース　(2)例 大きいもの
③金属の活字・国内で大量に

クイズ ②

アドバイス
1 ②直後の段落に書かれています。二つの新聞を比べてみましょう。
2 「小新聞」は、現在の新聞へと発展していきました。記事の内容、用紙、印刷方法の移り変わりを、順にとらえましょう。

16 かくにんテスト② 35～36ページ

1 ①例 なぜ、日本と外国では、時間がちがうのかということ。
②エ　③時刻のちがい
④二十四時間で一回転して・同じ位置から地球を照らして

2 ①例 太陽が真南にくる時刻は、場所によってちがうから。
②ア
③(1)速く移動できる乗り物・電話
(2)タイムゾーン

アドバイス
1 ④文の初めの「そこで」に注目します。その前の部分に原因・理由が書かれていることを示しています。地球の形や動きと、太陽の位置との関係をおさえましょう。
2 ①「ですから」に注目します。前の部分に理由が書かれています。
③(1)「……が発明されると」とあります。何の発明によって「不便になって」きたのかをとらえましょう。

17 気持ちを表す言葉をおさえよう① 37～38ページ

1 ①いっせいににげていく　②ア

2 ①つまらない　②色あせて

3 ①いるか

②きらって・勝手すぎる

4 ①悲しそうな　②そんなやつ

クイズ ③

アドバイス

2 ②きれいなものが「色あせて」見えるのは、気持ちがしずんでいるときです。

3 ②直後の「ぼく」とは、いるかのことです。この一文に、いるかの考えたことが書かれています。

18 気持ちを表す言葉をおさえよう② 39～40ページ

1 ◎㋐なんだよ、あいつら。勝手なことばかり言って。（どちらか一文でも正答）

㋑でも、だいじょうぶかな……。

（㋐・㋑は、「」付きでも正答）

2 ①助けなかった

②気がつくと・ものすごいスピード

3 ①かいじゅう　②夢中・戦い

4 ◎イ・エ

クイズ ②

アドバイス

1・2 いるかの心の動きを、いるかの言葉にそっておさえましょう。心（「不安」）の高まりをおさえきれなくなったいるかは、ついに、たこたちを助けるため、「みんなが消えていった方」へ向かっています。

3 ②「夢中で」という行動の様子に、いるかの強い気持ちが表れています。

19 気持ちを読み取ろう① 41～42ページ

1 ①ウ　②例 おこっている気持ち。

③えらい～するわ　④大いそがし

2 ①たのもしい　②ウ

③例 先頭に立って活やくしようと思っている。

④よし、やるぞ！（「」付きでも正答）

クイズ ①

アドバイス

1 ①くやしいけれども、「母ちゃん」の言うとおりなので、言い返せなかったのです。

②「ドスドスと」音を立てて階段を上がるのは、おこっているからです。「わかったよ。……いいよ！」という健介の言葉にも注目しましょう。「くやしい気持ち。」なども正答とします。

2 ①野崎君と秋山さんの仕事ぶりに対し、「たのもしい副委員長二人」とあります。

②「そう」は「ウロウロしている」ことを指します。それを「……いかない」と否定しています。

③「いよいよ……活やくするときがきた」とあります。

20 気持ちを読み取ろう② 43～44ページ

1 ①むだでもなんでも、数えてみたい！

②例 あきかんの数を数えてもいいかな、という気持ち。

③悪い　④イ

2 ①ちっともうれしくない。　②ウ

③大西先生　④イ

クイズ ②

アドバイス

1 ②この場面では、どんなことについて話し合っているかを読み取り、考えましょう。秋山さんは、「そうね」と言って、「ぼく」のやろうとしていることに賛成しています。

④この「べつに」は、「副委員長の一人」がいなくてもいい、ということを強調しています。

2 ①あきかん回収が「めんどう」で「大変だった」ので、ほめられても「ちっともうれしくない」のです。

④野崎君は、あきかんの数を数えることについて、「信じられないよ」と「あきれたように」言っています。言葉と様子に注目して考えましょう。

21 人物像をおさえよう 45〜46ページ

1 ①『沈黙の春』（『　』は「　」でも正答）
②地球の恩人（「」付きでも正答）

2 ①森や小川のほとり・探検する
②(1)（いつも）質素な服そう。
(2)心のおだやかなやさしい人。

3 ①（近くの）森・（夜空の）星
②大自然の美しさと不思議さ。・生き物や生命を愛することの大切さ。
〈順不同〉

4 ①読書と自然への興味。
②作家・生物学者〈順不同〉

クイズ ③

アドバイス

2〜**4** 小さいころ好きだったこと、よくやったことなどからも、人物像がつかめます。ここでは、母親のマリアからのえいきょうにも注目しましょう。

22 状況を読み取ろう 47〜48ページ

1 ①やさしい子に育ってほしい
②例 こまっている人や助けを必要としている人たちの役に立ちたい。
③戦争　④臨時病院と

2 ①医者・町の人数人
②例 町の人たちに声をかけ、協力をたのんだ。
③イ　④ウ

クイズ ②

アドバイス

1 ②「デュナンの心には、……強く根付いた」とあります。
④「戦争」という当時の状況をおさえ、ソルフェリーノという村でデュナンが見たものをとらえましょう。

2 ③敵味方に関係なく、負傷兵はみんな手当てをしたということです。
④デュナンが、町の女の人たちが兵士たちを助けるすがたを見たときの気持ちです。「すばらしい」という思いでしょう。

23 人物の考えを読み取ろう 49〜50ページ

1 ①負傷兵を治りょう・命
②例 デュナンの情熱にうたれたから。
③きょうだい・人間の善意はなくならない

2 ①うれしい
②戦場であろうと（「戦場であろう」）
③例 この考えに賛成した・例 赤十字とした
④一八六四年、ジュネーブ赤十字条約

クイズ ①

アドバイス

1 ①「医師」のしゃく放を願ったということから考えましょう。
③デュナンが、ソルフェリーノでの体験で思ったことです。（　）の部分に書かれています。大事な内容をおさえましょう。

2 ②〜④「戦場であろうと、……助けるべき」という考えが、やがてどう実を結んだかを読み取りましょう。

24 かくにんテスト③ 51〜52ページ

1 ①（すこしばかりの）きびのつぶなど。
②顔色を悪く
③例 こならの実や、くずやわらびの根や、木のやわらかな皮や、いろんなものをたべていたこと。
④例 とてもなやんでいる様子。　⑤イ

2 ①(1)クーボー　(2)ものの考えかたを教えた
②例 オリザに病気ができかかったのを、木の灰と塩をつかって食いとめたこと。
③とくいの絶頂　④イ

アドバイス

1 ④「とてもこまっている様子。」「考えこんでいる様子。」などでも正答です。
⑤食べ物をさがすためなら、「遊んでくるぞ」とは言いませんね。

2 ④「かたっぱしから」本を読んだことや、その知識によってオリザの病気を食いとめたことなどから、考えましょう。

25 事実と意見の関係をおさえよう① 53〜54ページ

1 ①フィンランドやブラジル。
②㋐事実 ㋑意見

2 ◎水（雨）・山くずれ・木材・二酸化炭素

3 ①手入れ・植林
②日本の木が売れない（、という）

4 ①しっ気を防ぐ（こと）。 ②生活を快適

クイズ ②

アドバイス

1・3 文や文章の内容とともに、「……といえる」などの言い方にも注意して、筆者の意見や考えをとらえましょう。

4 ②筆者は、「日本の木を活用する」ことのよさをうったえかけています。

26 事実と意見の関係をおさえよう② 55〜56ページ

1 ①二酸化炭素をすいこむ ②温暖化現象

2 ①電気や石油 ②地球環境

3 ①（森林を）焼きはらったり
②日本の面積の七分の一

4 ①意見
②エネルギーの使用・元気な森林

クイズ ③

アドバイス

1〜4の文章の役割を考えてみましょう。

1…（話題の提示）
森林の二酸化炭素をすいこむというはたらきと、地球の温暖化現象。

2…（事実・事例1）
エネルギーを使うことで二酸化炭素が増え、地球環境を悪化させている。

3…（事実・事例2）
人間は、二酸化炭素をすいこんで酸素を出す森林を減らしてきた。

4…（意見・まとめ）
エネルギーの使用を減らし、元気な森林をとりもどそう。

27 要旨をとらえよう① 57〜58ページ

1 ①「技」として質的な変化を起こす
②習慣・当たり前・ミス・的確にコンスタントな

2 ①百冊・技
②例 反復練習を重ねていくこと。・例 ある程度集中した練習期間をもつこと。〈順不同〉
③イ

クイズ ①

アドバイス

1 ①直後の段落の初めに、「それは、……だからだ。」と、理由が書かれています。
②「あるいは」の前後に注目。「ポイント」と「レベル」の内容をつかみます。

2 ②「有効期限」は、読書を技として定着させるための期限です。期限を設定した理由が、後の「そして」の前後で説明されています。
③最後の一文の文末に注意します。「……と考えている。」とあります。

28 要旨をとらえよう② 59〜60ページ

1 ①（一日のうちで、）自分と向き合う時間が何もないという過ごし方。
②自分の外側の問題に興味を喚起させる力。
③テレビをつくる側・流れ・読者の側（読者の方・読者）

2 ①徒然草（『』付きでも正答）・本 ②ゲーテ
③時と場所が離れた人間と出会う
④（ふだんのコミュニケーションとは違う）楽しい緊張感（を味わわせてくれる）。

クイズ ①

アドバイス

1 ③時間を管理、コントロールする側が、テレビと読書（本）とでは、全く逆なのです。

2 ①筆者は、『徒然草』という本を読んで言えることを述べています。
③兼好とゲーテの例を受け、最後の段落でまとめています。

29 段落の役割をおさえよう　61〜62ページ

1 ①ウ
②(1)お金を集める　(2)お金を出したしょうこ
③イ

2 ①株をほかの人に売る。
②株の売買〜いる場所　③イ
④[3]・[4]〈順不同〉

クイズ　②

アドバイス

1 ②前後の段落にも注意して、「株（株式）」とはどのようなものかをとらえます。
③「つまり」というつなぎの言葉を使って、段落[4]までの内容をまとめています。

2 ①段落[1]からとらえます。
②直後の一文で説明されています。
③段落[2]では、株をお金にかえるために、結果として起こることを述べています。
④「株のねだん」の上がり下がりが説明されている段落です。

30 段落のつながりをつかもう　63〜64ページ

1 ①若い人
②「なぜ？」（「」がなくても正答）
③てっていして「なぜ？」と問いつづけること。
④イ

2 ①戦争の問題。・うえ死にの問題。
②道理が通る世の中にする
③(1)…[2]　(2)…[3]　(3)…[1]

クイズ　③

アドバイス

1 ④段落[2]・[3]は、若い人が「なぜ？」にこだわらなくなってきたという問題点を示しています。

2 ②すぐ前の文から合う言葉をさがして、「それ」にあてはまる形にします。
③段落[1]は「合理的でないこと」が多いという問題の提起と事例です。[2]は[1]に対する筆者の考えで、[3]は[2]を受けたくわしい説明です。

31 情報を読み取って考えよう①　65〜66ページ

1 ①(1)休み時間　(2)校庭　(3)打ち身
②休み時間・校庭

2 ①例 人・利用する理由
②例 周りの様子に対する注意が欠けていたこと。・例 体の調子がふつうではなかったこと。
③例 よゆうをもって・周りの様子

クイズ　①

アドバイス

1 ①(1)「いつ」は〈グラフ1〉、(2)「どこで」は〈グラフ2〉、(3)「どんな」は〈グラフ3〉から読み取ります。
②〈グラフ1〉と〈グラフ2〉の最も多いものに注目して、けがをした時間と場所の間に何か関係がないかどうかを考えてみましょう。

2 ②[2]で、けがの原因について例を挙げて話しています。「つまり」で始まるまとめの文に注目しましょう。
③[3]のお話を参考にします。

32 情報を読み取って考えよう②　67〜68ページ

1 ①(1)野菜類　(2)男子　(3)豆類
(4)女子　(5)パン
②ウ　③例 すききらい（きらいなもの）

2 ①例 野菜の食べ残しを少なくするために、どんなくふうをしているか（ということ）。
②例 それぞれの野菜をなるべく小さめに切るようにする。・例 あくは、しっかり取りのぞく。
③季節の野菜・メニューを考える

クイズ　②

アドバイス

1 ②アは、「複数回答（きらいなものをいくつ答えてもよい）」なので、グラフからは読み取れません。

2 ②「実際に調理をするときのくふう」ですから、話の二・三番目に注目します。

33 かくにんテスト④ 69〜70ページ

1 ①例 はずれそうな歯のつめ物はないか。
例 宇宙でいたみそうな歯はないか。〈順不同〉
②（空気がうすく、）約〇・三気圧（しかない。）
③イ

2 ①例 いたみが治まる。
②ア ③空気がちぢんで・いたみ始める
④宇宙での〜変です。

アドバイス

1 ③宇宙船の中は、地上と同じ気圧ですから、虫歯はいたみません。

2 ①文章の前後の内容から、空気（気圧）が周りと同じになれば、いたみが治まります。
④二つ目の段落に注目します。「だから」の前に理由が書かれています。

34 表現を読み味わおう① 71〜72ページ

1 ①ア ②イ
2 ①冬 ②波 ③8
3 ①三 ②例 かくれんぼ
4 ①イ・エ ②うめ

クイズ ①

アドバイス

4 ①花が「主張する」や花が「沈黙する」は、ぎ人法、最後の行は体言止めです。

35 表現を読み味わおう② 73〜74ページ

1 ①四
②おつかいの とちゅうで
迷ってしまった子どもみたい
③手のな（それで）〜 るから
④みえないことづけ

2 ①イ
②青くすみ、／青く、青くすみ、
赤く光り、／赤く、赤く光り、〈順不同〉
③冬がきた・信号燈・朝日・赤く

クイズ ③

アドバイス

2 ③最後の連で、たとえを使ってかきの実の様子がえがかれています。

36 文語表現に親しもう 75〜76ページ

1 ◎㋐いない ㋑におい
2 ①ウ ②(1)春 (2)夕ぐれ（夕方）
③にほひあはし
3 ◎七・五
4 ①ウ ②一つの穴にかに二つ
③ア

クイズ ②

アドバイス

2 ③同じ六音で、「かすみ深（ふか）し」「にほひあはし」と音（母音）を合わせています。

4 ②一つの穴にいる二ひきのかにを見て、そこから思いをめぐらせています。第二連の「宿」は「穴」のことで、かにの様子とその後のことを書いています。

37 かくにんテスト⑤ 77〜78ページ

1 ①ぼく・ゾウ・マメ〈順不同〉
②ここに いることは できない
③12 ④ウ ⑤イ

2 ①エ ②イ ③緑・いのち
④ウ ⑤四

アドバイス

1 ⑤最後の連から、「『いること』こそが……すばらしいこと」だという作者の考えを読み取りましょう。

2 ①七（八）音・五音のくり返しです。
③「緑」は草そのものの色を表し、また、生命を感じさせる色でもあります。
④・⑤「生きんとす」は、「生きようとする。生きるのだ。」という決意を表します。また、第四連の初めの四行は生きることのすばらしさを表現し、連全体が作者の思いを強く表しています。

38 まとめテスト① 79〜80ページ

1 ①マチンバ ②イ
③ミオはあや
④例 子どもたちが遊びにきてくれる（くれた）と思っていた。

2 ①おばあさん・すぐにわたせる
②イ
③(1)例 体の具合を悪くしている。
(2)（ええ、）げんきになるといいわね。
（「」付きでも正答）

アドバイス

1 ②・③「手まねき」は、こちらへ来るように、と手を上下にふることです。そして、「あやつられるように」おばあさんのもとへいったことから、ミオは「少しだけの魔法なら使えるのかもしれない」と思っています。
④おばあさんの言葉に注意します。

2 ③「げんきになるといいわね」という言葉から、「今はげんきではない」ことが読み取れます。(1)は、病気、入院しているなど、体の具合がよくないという内容なら正解です。

39 まとめテスト② 81〜82ページ

1 ①例（魚をあぶって、）魚からとけ出たあぶら。
②タンパク質
③ゴマ油・なたね油・大豆油〈順不同〉
④健康的なもの ⑤老化・脳

2 ①ウ ②健康的効能 ③タンパク質の量
④魚・大豆のタンパク質

アドバイス

1 ①直前の文の内容がまとめられていれば、正解とします。

2 ②後の「なぜかといったら」に注目すればわかります。
③ここでは、大豆のタンパク質の量について、牛肉と比べています。

40 まとめテスト③ 83〜84ページ

1 ①言葉の豊富さ ②(1)ア (2)エ
③書き言葉の効用

2 ①例 はっきりしていて・強烈だ
②例 その方が負担が少ないから。
③イ ④ウ

アドバイス

1 ②・③後の段落の内容を読み取ります。筆者が述べたかったのは、「書き言葉の効用」についてです。

2 ②直後の文に「……からだ。」と、理由が書かれています。
③「現実の人間とのつき合いの世界だけでは味わうことのできない」つき合いです。
④段落1は、本の中の人物の説明で、段落2では、それを導入として読書の利点を述べています。

41 まとめテスト④ 85〜86ページ

1 ①そおっと 大切に――
②つつむのです
③例 大切にすくうのです・大切につつむのです〈順不同〉
④イ

2 ①はたはた ②ウ
③㋐あらわれる ㋑おもう
④ごちそうである（ごちそうだ） ⑤ウ

アドバイス

1 ②この行にこめられた意味を考えます。四行目の「大切に」の後には「すくうのです」が省略されています。
③・④「人のこころ」も「水のこころ」と同様に、そおっと大切にすくい、つつむのです、と言いたいのです。

2 ②初めの二行が体言止めです。
④「……なり」は、「……である」という意味です。
⑤後半の部分から、作者の気持ちを読み取りましょう。